rowohlt
POLARIS

AF626338

Asha Hedayati

Die stille Gewalt

Wie der Staat Frauen alleinlässt

Rowohlt Polaris

4. Auflage November 2025
Originalausgabe
Veröffentlicht im Rowohlt Taschenbuch Verlag,
Rowohlt Verlag GmbH, Kirchenallee 19, 20099 Hamburg, Oktober 2023
Copyright © 2023 by Rowohlt Verlag GmbH, Hamburg
Die Nutzung unserer Werke für Text- und Data-Mining im Sinne von § 44b UrhG behalten wir uns explizit vor.
Covergestaltung und -abbildung HAUPTMANN & KOMPANIE Werbeagentur, Zürich
Satz Dashiell Text bei Pinkuin Satz und Datentechnik, Berlin
Druck und Bindung CPI books GmbH, Leck
ISBN 978-3-499-01032-3

Kontaktadresse nach EU-Produktsicherheitsverordnung:
produktsicherheit@rowohlt.de

FSC www.fsc.org
MIX
Papier | Fördert gute Waldnutzung
FSC® C083411

Inhalt

Für A. und A.

Vorbemerkung

Ich verwende im Text den Begriff «Frauen» nicht als homogene Kategorie. Es gibt nicht «die Frauen», Geschlechtsidentitäten sind vielfältiger. Auch trans Frauen sind Frauen und als solche von Gewalt gegen Frauen betroffen. Auch Personen, die entgegen ihrer eigenen Geschlechtsidentität als Frauen eingeordnet werden, sind von dieser Gewalt betroffen, ob es sich dabei um nichtbinäre, intergeschlechtliche oder transmaskuline Personen handelt. Eine einheitliche, scharf umgrenzte Verwendung des Begriffs «Frauen» ist im Text allerdings schon deshalb nicht möglich, weil die verwendeten Studien nur zwischen Frauen und Männern unterscheiden und im Einzelfall nicht klar ist, wie diese Personen sich außerhalb der cis-geschlechtlichen Norm einordnen. Bei «Frausein» geht es um eine Kategorie, um einen Begriff, der von dieser Gesellschaft und dem Staat gefüllt und definiert wurde. Menschen werden von der Gesellschaft dieser Kategorie zugeordnet und identifizieren sich mit ihr. Menschen, die diskriminiert und ausgebeutet werden und denen Gewalt angetan wird.

In diesem Buch geht es in großen Teilen explizit um heterosexuelle Partnerschaften. Dabei wird in vielen Textpassagen nicht gegendert, weil es in diesen Teilen wichtig ist, die binäre Geschlechtlichkeit präsent zu haben. Dennoch bin ich bemüht, überall dort zu gendern und geschlechtsoffen zu schreiben, wo es inhaltlich sinnvoll ist.

Einleitung: Warum das Private politisch und Gewalt immer auch strukturell ist

Warum trennt sie sich denn nicht? Warum bleibt sie da? Warum ist sie erst so spät gegangen? Warum hat sie sich auf ihn eingelassen?

Ich möchte ehrlich mit Ihnen sein, ich kann diese Fragen nicht mehr hören. Ich muss mich jedes Mal zusammenreißen, nicht zurückzuschreien: weil die Strukturen, in denen wir leben, die Trennung erschweren. Weil Gewalt gegen Frauen System hat und weil unser Rechtsstaat einen blinden Fleck hat, wenn es um Gewalt in Ehen oder eheähnlichen Partnerschaften geht.

Die Zahlen sind allgemein bekannt: Jeden dritten Tag wird eine Frau in Deutschland von ihrem derzeitigen oder vorherigen Partner getötet. Fast jeden Tag *versucht* ein (Ex-)Partner, eine Frau zu töten.

Laut BKA wurden im Jahr 2021 insgesamt 115 314 Frauen Opfer von Partnerschaftsgewalt, 113 Frauen Opfer von Partnerschaftsgewalt mit tödlichem Ausgang, 192 von versuchtem Mord/Totschlag. Die Zahlen werden seit 2015 erhoben und steigen seitdem kontinuierlich.

Aber warum ändert sich daran nichts? Was muss noch passieren? Und wo bleibt der Aufschrei?

Seit über zehn Jahren arbeite ich als selbstständige Anwältin in Berlin mit Mandant*innen aus ganz Deutschland. In unzähligen Verfahren habe ich Frauen vertreten, die von Gerichten, Ämtern und Behörden nicht vor ihren psychisch oder physisch gewalttätigen Partnern geschützt wurden. Ich habe mit vielen Kolleg*innen über ihre Erfahrungen gesprochen. Ich bin Vorstandsvorsitzende einer Frauenschutzeinrichtung in Berlin und weiß, was auf Frauen zukommt, wenn sie vor ihrem Partner in eine solche Schutzeinrichtung fliehen müssen. Ich habe Studien (von denen es viel zu wenige gibt) gelesen, Zahlen und Statistiken studiert. Warum ich es wage zu sagen, dass der Staat, wenn es um häusliche Gewalt gegen Frauen geht, versagt? Ich schreibe es, weil ich es erlebt habe. Weil ich permanent diese Gewalt und das Versagen des Staates sehe. Es gibt nicht die *eine* Studie, die in Zahlen eindeutig belegen würde, dass der Staat und seine Institutionen nicht nur oft untätig sind, sondern durch ihre Untätigkeit die Gewalt gegenüber Frauen sogar noch systematisch stützen. Ich werde Zahlen anführen, wo es sie gibt. Die strukturellen Auswirkungen der systemischen Verhältnisse sind aber nur in ihren Symptomen messbar. Die Ursachen hingegen sind kaum mit Zahlen zu erfassen. Patriarchale Prägungen, sexistische und rassistische Einstellungen oder unbewusste misogyne Grundannahmen sind nicht auf Skalen zu verorten und werden selten unmittelbar zum Ausdruck gebracht. Sie wirken still und leise.

Ich schreibe dieses Buch, weil ich die Folgen dieser stillen Gewalt jeden Tag sehe, im Leben unzähliger Frauen, und ich schreibe dieses Buch, weil ich wütend und müde bin. Auch bei mir persönlich hinterlassen die Geschichten der Frauen Spuren. Ich möchte nicht mehr allein damit sein, ich möchte diese Geschichten mit Ihnen teilen, weil auch Sie Verantwortung dafür tragen. Manche von Ihnen mehr, manche weniger. Einige, die dieses Buch in die Hände bekommen, werden von den beschriebenen Ungerechtigkeiten betroffen sein und sich darin wiedererkennen. Ich möchte, dass Sie wissen, dass wir Sie sehen und hören.

Wenn Frauen zu mir ins Büro kommen und ihre Geschichte erzählen, schämen sie sich oft. Sie entschuldigen sich dafür, dass sie meine Zeit beanspruchen, dass sie reden, dass ich ihnen zuhören muss, dass sie sich Raum nehmen. Manchmal habe ich das Gefühl, dass sie sich unausgesprochen dafür entschuldigen, dass sie existieren, atmen und leben. Anfangs habe ich teilweise ungeduldig darauf reagiert. «Nehmt euch endlich den Raum, seid laut!», wollte ich ihnen zurufen. Nach vielen Jahren Berufserfahrung und Kontakt mit dem Thema Gewalt gegen Frauen verstehe ich, dass es fast unmöglich ist, sich «den Raum zu nehmen», wenn eine Gesellschaft diesen Raum verschließt und den Schlüssel wegwirft.

Während uns bei vielen Ungleichheiten etwa im Bereich der Bildung oder des Gesundheitssystems klar ist, dass dahinter ein ungerechtes System steckt, denken viele noch immer, dass Partnerschaftsgewalt oder Gewalt gegen Frauen im häuslichen Rahmen private Probleme sind und Femizide nur Einzelfälle. Die Verantwortung wird den jeweiligen Familien und Betroffenen gegeben. Es heißt dann, dass sie «Eheprobleme» hätten oder «private Konflikte». Er habe «Aggressionsprobleme», aber vielleicht habe «sie ihn ja provoziert», denn eigentlich gehörten ja «immer zwei dazu». Wie oft habe ich diese Sätze gehört. Wenn eine Partnerin getötet wird, ist in der medialen Berichterstattung immer noch häufig von einem «Familiendrama» oder einer «Beziehungstat aus Eifersucht» die Rede. Gewalt gegen Frauen wird auf einer individuellen Ebene betrachtet. Der Betroffenen wird die Verantwortung gegeben dafür, dass sie in einer Gewaltbeziehung gelandet ist – sie hätte ja die Beziehung nicht eingehen müssen. Was damit gemeint ist: Frauen müssen sich nur den richtigen, friedfertigen Partner suchen, dann wird alles gut. Dann werden sie nicht erniedrigt, geschlagen und getötet. Eigenverantwortung und Auswahlverschulden.

Das ist bequem für die Gesellschaft, so muss man sich nicht engagieren, und bequem für den Staat, so muss er sich nicht damit befassen, welche strukturellen Gründe die Gewalt begünstigen und den Schutz verhindern. Vielleicht dient diese Haltung auch dem Selbstschutz, denn sonst müssten wir uns alle mit der Tatsache auseinandersetzen, dass es jede Frau treffen könnte. Und auch damit, dass es Menschen gibt, die von diesen Strukturen und der systematischen Gewalt profitieren.

Die US-amerikanische Aktivistin Carol Hanisch hat in der zweiten Welle der Frauenbewegung den Slogan geprägt «Das Private ist politisch». Nachdem es in der frühen Frauenbewegung vor allem um Teilhabe an Wahlen und politischen Entscheidungsprozessen ging, wurde seit den 1970er-Jahren stärker noch die gesamtgesellschaftliche Situation in den Blick genommen. Und es zeigt sich bis heute: Die patriarchalen Prägungen sitzen tief und sind besonders im Kontext von Kleinfamilie und Partnerschaft noch immer extrem präsent. Wenn man sich mit dem Thema Gewalt gegen Frauen im familiären Kontext befasst, dann kommt man nicht umhin, Systemfragen zu stellen. Das Private ist politisch, die Familie ist politisch.

Gewalt gegen Frauen ist Ausdruck von Macht- und Abhängigkeitsverhältnissen, die strukturell in unserer Gesellschaft begründet sind. Oder anders gesagt: Die Strukturen stützen Gewalt gegen Frauen, und gleichzeitig stützt Gewalt gegen Frauen die Strukturen. Ich schlage im Wörterbuch ein Synonym für «Macht» nach, und einer der ersten Vorschläge ist «Gewalt» oder «Staatsgewalt». Der Staat, in dem wir leben, hat Gesetze und eine bestimmte Rechtsordnung, an die wir uns halten müssen. Beides wird von staatlichen Institutionen wie der Polizei oder der Justiz durchgesetzt. Der Staat hat also eine bestimmte Macht inne, die Staats*gewalt*. Das Rechtssystem ist ein Instrument, das dazu dient, Macht- und Herrschaftsverhältnisse durchzusetzen und aufrechtzuerhalten. In der Realität kommt man mit dem Staat durch verschiedene Institutionen in Berührung: Gerichte, Ämter, Behörden, Polizei sind im günstigsten Fall dazu da, Hilfe zu leisten, klare Verhältnisse herzustellen oder Ungerechtigkeiten aus der Welt zu schaffen. In dem Bereich, um den es hier gehen wird, ist meine Erfahrung aber eine andere.

I. Die Situation der Frau

Frauen erfahren ihr gesamtes Leben den gesellschaftlichen Druck, einen Partner finden zu müssen, eine Beziehung zu führen, Kinder zu bekommen. Schon früh lernen Mädchen «Hochzeit spielen», tragen zu Fasching Prinzessinnenkleider, schauen Disney-Filme, in denen das Happy End bedeutet, dass die Prinzessin endlich von ihrem Traumprinzen geheiratet wird. In Filmen, in der Werbung, auf Social Media wird Frauen zugerufen: «Such dir einen Ehemann, such dir einen Partner, davon hängt dein Glück ab!» Vor einiger Zeit erzählte mir eine Bekannte, dass ihr Umfeld und die Menschen um sie herum sie ständig dazu drängten, endlich «einen Mann zu finden», und sie sich mittlerweile frage, ob sie ohne Partner überhaupt noch etwas wert sei. Immer wieder wird alleinstehenden Frauen in ihren Dreißigern versichert, dass der «Richtige» noch kommen werde, womit derjenige gemeint ist, der dann Mann und Vater in einem sein soll.

Die Gesellschaft sagt also Frauen auf unterschiedlichste Weise, eines ihrer wichtigsten Ziele im Leben sei es, den richtigen Partner oder Ehemann zu finden – *den* Menschen, der sie statistisch gesehen am wahrscheinlichsten töten wird. Das ist drastisch formuliert, aber im Jahr 2021 ereigneten sich 37 Prozent der polizeilich erfassten (inklusive versuchten) Tötungsdelikte gegen Frauen in (ehemaligen) Partnerschaften – im Vergleich dazu waren es bei Männern 3,9 Prozent. Damit sind (Ex-)Partnerschaften für Frauen der bedeutendste Kontext für Tötungen und sogar fast doppelt so gefährlich wie innerfamiliäre Konflikte: 2021 wurden 162 Frauen Opfer von Tötungsdelikten durch Verwandte bzw. andere Angehörige als ihre Partner*innen, damit machen diese Delikte 20 Prozent der (versuchten) Tötungen von Frauen aus.[1] Insgesamt ereigneten sich 57 Prozent der Tötungen von Frauen im sogenannten häuslichen Kontext, d.h. durch ehemalige Partner*innen oder andere Angehörige, wobei Partnerschaftsgewalt der deutlich größte Faktor ist. Auch Delikte im familiären Zusammenhang beruhen allzu oft auf Misogynie und ungleicher Machtverteilung, doch möchte ich mich hier auf die Gewalt durch (Ex-)Partner beschränken.

Ich bin hier nicht angetreten, um heteronormative Paarbeziehungen zu verteufeln oder die Idee der romantischen Liebe schlechtzureden, auch wenn sich für beides gute Argumente finden lassen. Aber das Heilsversprechen, das mit einer Ehe verbunden wird, halte ich für hochproblematisch. Sollte man sich nicht öfter mit Single-Frauen freuen, dass sie zumindest nicht an den Falschen geraten sind, jemanden, der sie unglücklich und krank macht? Der Staat dagegen betrachtet die Ehe als schützenswert. Er profitiert davon, weil die Ehe eine Solidargemeinschaft ist, die zum Beispiel im Fall von Arbeitslosigkeit eines Partners finanzielle Versorgungsleistungen übernimmt, die bei ledigen Menschen der Staat übernehmen müsste (Arbeitslosengeld II oder Hartz IV). Sie nützt im besten Fall auch den Ehepartnern – das Erbrecht ist geregelt, es gibt die Hinterbliebenenrente. In Deutschland ist es insgesamt aufgrund rechtlicher Bestimmungen deutlich unattraktiver, sich *gegen* die Ehe zu entscheiden, als *dafür*. Um die Ehe und die Kernfamilie zu sichern und zu stabilisieren, wurden eigens gesetzliche Anreize geschaffen: das Ehegattensplitting im Steuerrecht, aber beispielsweise auch die Anerkennung der Vaterschaft begünstigt verheiratete Paare. Wird ein Kind in einer heterosexuellen Ehe geboren, gilt der Ehemann kraft Gesetz rechtlich ohne Weiteres als Vater. Das ist zum einen eine Besserstellung gegenüber queeren Paaren, bei denen diese Konstellation nicht gilt. Zum anderen wird damit die Ehe gegenüber nicht ehelichen Beziehungen privilegiert, in denen eine Vaterschaftsanerkennung notwendig ist. Der Schutz der Ehe ist in Deutschland sogar ein Verfassungsgebot (Art. 6 Grundgesetz). Daraus folgt zwar nicht die Pflicht, nicht eheliche Lebensgemeinschaften in allen Belangen schlechterzustellen, aber eine Ungleichbehandlung kann damit gegebenenfalls gerechtfertigt werden.

Verheiratete Personen sind zumindest in der Theorie bei einer Scheidung rechtlich und wirtschaftlich besser abgesichert als unverheiratete Personen bei einer Trennung, insbesondere wenn einer der beiden Partner in der wirtschaftlich schwächeren Position ist. Eine vom deutschen Familienministerium in Auftrag gegebene Studie kommt gleichzeitig zu folgendem Ergebnis: «Die Ehe wird für viele Frauen aufgrund bestehender Anreizstrukturen in ihren Folgen und Risiken abhängigkeitsfördernd und kann sich existenzbedrohend auswirken.»[2]

Die Folgen und Risiken erlebe ich seit Jahren tagtäglich bei meiner Arbeit, wenn Frauen zu mir kommen, die größtenteils die unbezahlte Care-Arbeit übernommen haben und wirtschaftlich komplett abhängig sind von ihren Partnern, keine Wohnungen finden, die sie sich allein leisten könnten, von Armut bedroht sind. Ältere Frauen, denen Altersarmut droht, Alleinerziehende, die trotz Vollzeittätigkeit um ihr wirtschaftliches Überleben kämpfen, die nicht einmal Kindesunterhalt vom anderen Elternteil erhalten.

Die Ehe ist diejenige Institution, in der romantische Vorstellungen von Liebe und der Rechtsstaat miteinander verschmelzen. Abhängigkeiten – seien es finanzielle oder psychische – in Beziehungen bergen Gefahren für die abhängige Person. Unter anderem die Gefahr, dass der Partner diese Abhängigkeit ausnutzt. Und die interessante Frage ist nun, wie der Staat durch die Institution Ehe Abhängigkeiten fördert und die fatalen Folgen auffängt. Ich möchte einen Blick darauf werfen, wie der Staat in diese gängigste aller Beziehungsformen hineinwirkt bzw. wie staatliche Institutionen dazu führen, dass Ungerechtigkeiten verstetigt werden.

Gesellschaftliche Vorstellungen und über die Jahrhunderte entwickelte Geschlechterrollen führen noch immer dazu, dass viele Frauen sich für Partner entscheiden, die einem bestimmten Männerbild entsprechen. Ein Bild, das Männlichkeit mit Macht, Stärke und Erfolg verbindet. Studien zufolge gewichten Frauen wirtschaftliche Faktoren und finanzielle Stabilität bei der Partnerwahl deutlich höher als Männer.[3] Laut einer Studie der University of Birmingham und des University College London sind Frauen wählerischer und auf der Suche nach einem «high-quality mate», weil sie wissen, dass eine kurze romantische Begegnung zu Schwangerschaft und damit einer lebenslangen Verantwortung führen kann.[4]

Wie immer man diese Studien bewertet, Tatsache ist, dass in der Mehrzahl der heterosexuellen Beziehungen Männer größere, zum Teil viel größere finanzielle Ressourcen haben als Frauen. Eine Studie der Wirtschaftsuniversität Wien stellte 2017 einen durchschnittlichen «Gender Wealth Gap» von 40599 Euro in Paarhaushalten in Deutschland fest, was einem um 32 Prozent geringeren Vermögen von Frauen im Vergleich zu ihren männlichen Partnern entspricht.[5] Auch auf der Einkommensebene ist der Unterschied eklatant. Das sorgt von Anfang an für ein Machtungleichgewicht in der Partnerschaft und führt häufig zu finanziellen Abhängigkeiten.

Die bewusste oder unbewusste Priorität der finanziellen Stärke des Partners ist nicht Ausdruck fehlender Eigenverantwortung oder der Geldgier der Frauen, sondern Ergebnis einer schlechteren gesellschaftlichen Ausgangsbasis. Frauen wissen, dass sie als Mütter die meiste Care-Arbeit leisten werden, dass sie im Vergleich zu ihrem Partner von Beginn an weniger verdienen und dieser Rückstand mit jedem Kind weiter zunimmt. Die Entscheidung für ein Kind führt laut einer Studie der Bertelsmann-Stiftung von 2020 bei Müttern zu durchschnittlichen Einbußen an Lebenserwerbseinkommen von rund 40 Prozent im Vergleich zu kinderlosen Frauen. Bei Frauen mit drei oder mehr Kindern beträgt die «Motherhood Lifetime Penalty» nahezu 70 Prozent.[6] Mütter verdienen in Deutschland nach der Geburt des ersten Kindes 61 Prozent weniger als vor der Geburt.[7] Und auch wenn die wenigsten Frauen diese Zahlen präsent haben und auch wenn es immer auch Familien gibt, wo es anders läuft, so spiegelt das Erfahrungswissen in der Breite der Gesellschaft doch genau das. Ich mache in meiner Beratung immer wieder die Erfahrung, dass verheiratete Frauen in der klassischen Kleinfamilie eine schlechtere finanzielle Ausgangsbasis haben.

Die Partnerwahl ist für einen Teil der Frauen daher selten eine wirklich freie Entscheidung. Während sie die erwartbare wirtschaftliche Abhängigkeit, die mit der Entscheidung für gemeinsame Kinder regelmäßig einhergeht, schon bei der Partnerwahl mindestens unbewusst berücksichtigen, bedeuten Kinder für Männer viel weniger finanzielle Abhängigkeiten. Männer sind so freier, bei der Partnerwahl auf die eigenen Bedürfnisse zu achten.

Im Alter sind es häufig die Frauen, die nach einer Trennung ein Leben ohne Partnerschaft führen, während Männer schnell wieder die nächste Beziehung beginnen. Bei Personen im Alter von 64 bis 85 Jahren sind es 78 Prozent der Männer, die in Partnerschaften leben, von den Frauen sind es nur 55 Prozent.[8] Viele ältere Frauen, die ich in Scheidungsverfahren begleite, sind froh, wenn sie endlich geschieden sind, weil sie dann «keine Verantwortung mehr tragen» und sich nicht mehr um ihre Partner «kümmern» müssen. Sie sagen mir, dass sie «nie wieder» mit einem Mann zusammenziehen werden. Sie wissen, was sie an Freiheiten aufgeben, wenn sie sich auf eine konventionelle Beziehung mit einem Mann einlassen. Männer hingegen wissen, was sie gewinnen, wenn sie wieder eine Partnerschaft mit einer Frau beginnen. Gleichzeitig sind diese alleinstehenden Frauen im Alter häufig von Altersarmut betroffen. Unbezahlte Care-Arbeit, die sie auch für ihren Mann lange Jahre geleistet haben, zahlt sich finanziell im Alter nicht aus. Nach der Trennung finden Frauen oft nicht mehr in der Form in den diskriminierenden Arbeitsmarkt zurück, dass sie noch in der Lage wären, Rücklagen für das Alter zu bilden.

«Männer und Frauen sind gleichberechtigt.» So heißt es in Art. 3 Abs. 2 des Grundgesetzes. Das gilt jedenfalls auf einer abstrakten Ebene. Sie dürfen wählen, arbeiten, Auto fahren und Karriere machen. Gleichberechtigung ist jedoch nicht dasselbe wie Gleichstellung. Ob Frauen auch die gleiche Stellung wie Männer genießen, hängt von mehr ab als einem verfassungsrechtlichen Programmsatz. Die tatsächliche Stellung der Frau ist vielmehr die Summe aller kleinen und großen rechtlichen und gesellschaftlichen Normen. Und diese zeigen auch in Deutschland ein ganz anderes Bild.

In der kleinsten rechtlich geregelten Einheit des Zusammenlebens, der Ehe, wird diese Stellung ganz wesentlich geprägt. Ein Blick in die jüngere Vergangenheit zeigt, dass hier lange Zeit weder von Gleichberechtigung noch von Gleichstellung die Rede sein konnte. Erst mit der 1977 in Kraft getretenen Ehereform wurde die sogenannte Hausfrauenehe durch das partnerschaftliche Prinzip ersetzt. Das heißt, bis dahin konnte der Mann der Frau jederzeit eine Berufstätigkeit verbieten, wenn er fand, dass dadurch die Kinderbetreuung oder Haushaltsführung gestört war. Auch das Schuldprinzip, das denjenigen zur Unterhaltszahlung an Partner*in und Kinder verpflichtete, der Schuld am Ende der Ehe hatte – unabhängig von finanziellen Möglichkeiten –, wurde erst mit der Reform abgeschafft. Und erst 1997 beschloss der Bundestag die Strafbarkeit der Vergewaltigung innerhalb der Ehe. Heute noch aktive Politiker wie beispielsweise Friedrich Merz stimmten dagegen.

Die Verfügungsmacht über das Schicksal der Ehefrau war enorm und ähnelte rechtlich durchaus dem Konzept «Eigentum». Eigentum ist mehr als nur eine rechtliche Zuordnung von einem Menschen zu einer Sache. Eigentum drückt auch ein Herrschaftsverhältnis aus. Wer Eigentumsrechte hat, hat Macht. Macht, zu bestimmen, und Macht, zu gestalten. Eigentum an Land verleiht das ausschließliche Recht, es zu nutzen, Kapital daraus zu schlagen und auch, es zu zerstören, um die im Boden liegende Kohle und unseren Planeten zu verheizen. Eigentum an Fabriken verleiht das ausschließliche Recht, den an den Maschinen arbeitenden Menschen einen geringen Lohn zu bezahlen und den Gewinn zu behalten. Eigentum an einem Fernseher gibt das Recht, anderen zu verbieten, ihre Lieblingsserie zu schauen. Eigentumsverhältnisse prägen soziale und ökonomische Beziehungen.

Es gehört zu den Errungenschaften des bürgerlichen, liberalen Staates, dass Menschen niemandes Eigentum sind. Niemand wird ernsthaft das Gegenteil behaupten. Sieht man sich aber die historische Rechtslage der Ehe an, ist das Machtgefälle unübersehbar. Nun würde kein Mann seine Frau als sein Eigentum in dem Sinne bezeichnen, wie er sein Auto oder Haus als Eigentum bezeichnen würde. Gleichzeitig haben historisch gewachsene, gesellschaftliche Rollenverständnisse und ökonomische Zustände faktisch dazu geführt, dass sich ein Anspruchsdenken innerhalb von Partnerschaften etabliert hat, das im Ergebnis eigentumsähnliche Verhältnisse zur Folge hat. Es sind Männer, die über die Zeit, den Körper und die Kraft zur Care-Arbeit von Frauen verfügen.

Wie sehr Eigentumsverhältnisse in unseren sozialen Beziehungen noch heute eine Rolle spielen, beschreibt Eva von Redecker in ihrem Buch «Revolution für das Leben». Sie nennt die Summe der Kontrollrechte den «Phantombesitz», eine gesellschaftlich realisierte Verfügungsmacht, die letztlich dem Verhältnis von Besitzer und Eigentum entspricht und Menschen und Dinge einordnet in Subjekte und Objekte. Vollends deutlich wird dies an einer bestimmten Reaktion von Männern auf die Trennung. Um die Verfügungsmacht über ihr vermeintliches Eigentum zu demonstrieren, töten sie im Extremfall ihre Expartnerinnen. «So weiß der Sachherrscher erst, dass ihm etwas wirklich gehört, wenn es tot ist», so Redecker.[9]

Die Idee des Eigentums ist so sehr in unserem kollektiven Bewusstsein verankert, dass sie auch Beziehungen prägt – und nicht nur Partnerschaftsbeziehungen. Eigentum kann das Resultat einer Vielzahl von Einschränkungen und Bedingungen sein. Auch ausbeuterische Arbeitsbedingungen, denen viele Menschen ausgesetzt sind, sind in ihrer Wirkung kaum unterscheidbar von Lebensverhältnissen im Eigentum anderer. Das bürgerliche Ideal, dem zufolge wir alle freie Individuen sind, die sich privatautonom als selbstbestimmte Teilnehmer*innen im gesellschaftlichen Wettbewerb begegnen, bleibt so genau das: ein Ideal.

Auch wenn mit den Ehereformen von 1977 und 1997 einiges zum Guten bewegt wurde, ist noch immer vieles in subtilerer Form durchdrungen von dem Machtgefälle, das vor noch nicht einmal dreißig bzw. fünfzig Jahren so deutlich bestand. Verheiratete oder verpartnerte Frauen dürfen heute arbeiten, wie sie wollen, aber durch steuerrechtliche Regelungen wie das Ehegattensplitting werden Anreize geschaffen, nur in Teilzeit oder auf Minijobbasis etwas «zum Haushalt beizusteuern» und nicht voll in die Erwerbstätigkeit einzusteigen – eindeutig zum Nachteil für die spätere Rente. Frauen dürfen Sex haben, mit wem sie wollen, aber werden mit dem Paragraphen 218 StGB kriminalisiert, wenn sie frei entscheiden, dass sie das eventuell entstehende Embryo nicht austragen wollen – der an der Schwangerschaft beteiligte Mann wird das nicht. Frauen dürfen wählen, sind aber aufgrund der ungleich verteilten Last von Care-Arbeit weniger oft dazu in der Lage, politisch oder aktivistisch tätig zu werden. Das zeigt schon der niedrige Frauenanteil im Bundestag (34,7 Prozent) und in den Parteien (28,2 Prozent).[10] Frauen dürfen sich scheiden lassen, aber was einfach klingt, wird durch einen diskriminierenden Wohnungsmarkt oder wirtschaftliche Abhängigkeiten viel zu oft eine unlösbare Aufgabe. Die Summe der rechtlichen und gesellschaftlichen Regeln, die das Leben von Frauen bestimmen, nehmen ihnen – so meine Erfahrung – häufig die Autorität und Souveränität über das eigene Leben.

Trotzdem muss ich Frauen, die zu mir in die Beratung kommen, immer wieder darüber aufklären, dass es für sie aktuell *noch* nachteiliger ist, wenn sie bei der Familiengründung unverheiratet bleiben. Zumindest dann, wenn es zur Trennung kommt. Denn dann merken Frauen erst, wie sehr die deutschen Gesetze die Ehe privilegieren und «schützen».

Ich erinnere mich an eine Mandantin, die mit ihrem Partner zusammenlebte, nach mehreren Jahren zwei Kinder bekam und unverheiratet blieb. Während der Beziehung betreute sie hauptsächlich die Kinder und ging nebenbei in Teilzeit als Krankenpflegerin arbeiten, teilweise im harten Schichtdienst, um ihrem Partner das Studium zu finanzieren. Nachdem er einen gut bezahlten Job in der IT-Branche angefangen hatte, begannen die Probleme. Er hatte nun mehr Geld zur Verfügung und setzte sie damit unter Druck. Sie wünschte sich, dass er sich mehr an den Ausgaben beteiligte, er weigerte sich und gab ihr keinen Einblick in seine Finanzen. Sie sollte weiterhin die Lebenshaltungskosten allein tragen, immerhin sei das bisher ja auch möglich gewesen. Sie blieb erst mal bei ihm, wegen der Kinder, aber auch in der Hoffnung, dass sich dieser Zustand bald ändern würde, schließlich hatte sie ihn ja durch die Jahre des Studiums finanziert. Sie dachte, jetzt könnte sie etwas zurücktreten und er würde einen Teil der Ausgaben übernehmen. Sie war am Ende ihrer körperlichen und psychischen Kräfte, als sie merkte, dass der Druck nicht abnahm.

Meine Mandantin entschied sich zur Trennung. Die zwei Kinder blieben zunächst bei ihr und besuchten ihren Vater mehrfach in der Woche. Aber nach ein paar Monaten wollten sie zu ihm ziehen, weil er ihnen eine Playstation anbot, weil sie dort ein eigenes Zimmer bekamen, weil er ihnen jede Menge Dinge versprach, die sie sich mit ihren zehn bzw. zwölf Jahren wünschten, die ihnen die Mutter jedoch nicht bieten konnte. Nach dem Umzug der Kinder zu ihrem Vater wurde die Mutter unterhaltspflichtig. Die nunmehr zu große Wohnung konnte sie nicht mehr finanzieren, aber in den nahen Umkreis der Kinder zu ziehen war fast unmöglich, da es dort keinen bezahlbaren Wohnraum mehr gab. Sie musste also ihre Wohnung aufgeben, weit wegziehen und damit in Kauf nehmen, dass ihre Kinder sie seltener besuchen konnten. Noch dazu musste sie Kindesunterhalt an einen Expartner zahlen, den sie wirtschaftlich durch die Studienzeit unterstützt und dem sie mit der Übernahme der Care-Arbeit, Kinder und Haushalt, den Rücken freigehalten hatte.

Was ist in ihrem Fall anders, als es bei einer Verheirateten wäre? Da sie nicht verheiratet war, hatte sie nach der Trennung keinen Anspruch auf einen Teil der Rentenanwartschaften, die er mit seinem gut bezahlten Beruf während der Partnerschaft erworben hatte, sie hatte keinen Anspruch auf die

Hälfte der Ersparnisse oder des Vermögens, die er während der Partnerschaft zur Seite legen konnte, und auch keinen Anspruch auf eventuellen Unterhalt für sich selbst. Noch schlechter vor Altersarmut werden nach den geschiedenen Alleinerziehenden nur die unverheirateten Alleinerziehenden geschützt, die sich nach langjährigen Partnerschaften trennen.

Der deutsche Staat – und das ist entscheidend – schützt die *Institution* Ehe, nicht die Menschen, die die Ehe eingehen, oder etwa die Liebesbeziehung in der Ehe. Die gesellschaftlichen und wirtschaftlichen Strukturen bieten Männern viele Gelegenheiten, Frauen in einer Partnerschaft zu kontrollieren, weil sie Abhängigkeiten aufbauen und ausnutzen können. Die Macht, die Männer über Frauen in Beziehungen oder in Trennungssituationen haben können, haben sie nur deshalb, weil unsere Gesellschaft und die staatlichen Rahmenbedingungen ihnen diese Macht geben. Sie führt dazu, dass Menschen tief stürzen. Sozialer Abstieg, Armut, Ausbeutung, das gesamte kapitalistische System sind die Grundlage dafür, dass Männer ein Drohmittel haben, um Frauen von einer Trennung aus der Gewaltbeziehung abzuhalten: «Ertrag mich oder schau, wie die Welt dich auffrisst.» Der Staat, der wesentlich an der Ehe als Solidargemeinschaft interessiert ist, lässt Frauen im Stich, wenn sie sich aus diesen Beziehungen befreien möchten, mehr noch: Der Staat in Form seiner Institutionen erschwert Frauen ein selbstbestimmtes Leben, sobald die Institution Ehe in Gefahr ist. Gleichzeitig ist diese Beziehungsform für Frauen gefährlich.

II. Formen der Gewalt

1. Machtdemonstrationen: Körperliche Gewalt

Die Zahlen von Partnerschaftsgewalttaten und Femiziden steigen seit Jahren kontinuierlich.[1] Daran ändert auch die Tatsache nichts, dass in der jährlich veröffentlichten Kriminalstatistik des Bundeskriminalamts im Jahr 2021 ein geringer Abfall der Zahlen gegenüber dem Vorjahr verzeichnet wurde. Die Gewalt gegen Frauen hatte nicht etwa abgenommen, im Gegenteil: Die Zahlen steigen, seitdem sie erhoben werden (2015), und für 2021 waren die Zahlen erneut höher als 2019. Eine Besonderheit war nur, dass es 2020 aufgrund der Coronapandemie eine ungewöhnliche Steigerung gab. Anders gesagt: Die Gewalt gegen Frau nimmt mittlerweile wieder im gewohnten Maße zu. Neueste Zahlen der Landeskriminalämter zeigen sogar eine Steigerung der Gewalt um 9,4 Prozent von 2021 auf 2022.[2]

Zu den Gründen, warum die Gewalt zunimmt, gibt es nur Mutmaßungen. Die Politik hat bisher keinen Anlass für größer angelegte Studien zu dieser Frage gesehen. Sicher ist, dass die Zunahme nicht allein auf das Anzeigeverhalten der Betroffenen zurückgeführt werden kann. Manche spekulieren, Frauen würden sich häufiger trauen, Anzeige zu erstatten, immerhin seien die jüngeren Generationen ja deutlich emanzipierter als die Generationen davor. In meiner täglichen Praxis beobachte ich, dass Gewalt gegen Frauen nicht *trotz* Emanzipation, sondern gerade *wegen* ihr steigt. Je selbstbewusster und selbstbestimmter die Frauen werden, desto mehr empfinden ihre Partner einen Kontroll- und Bedeutungsverlust, den sie über Gewalt auszugleichen versuchen.

Gewalt gegen Frauen hat viele Facetten. Die sichtbarste Form ist körperliche Gewalt, die blaue Flecken, Würgemale und Narben hinterlässt. Blickt man auf die Zahlen, wird deutlich, wie erschreckend groß die Gefahr für Frauen ist, in einer Beziehung Opfer einer Gewalttat zu werden. Im Jahr 2021 wurden 143 604 Opfer von Partnerschaftsgewalt polizeilich erfasst. Die überwiegende Zahl (80 Prozent) waren Frauen, während die Täter zumeist Männer waren (79 Prozent). Im selben Jahr wurden 113 Frauen durch Partnerschaftsgewalt getötet, 192 Frauen überlebten einen Tötungsversuch. 67 201 Frauen wurden Opfer einer einfachen Körperverletzung, 11 947 Frauen wurden Opfer einer gefährlichen Körperverletzung. 3527 Frauen wurden Opfer von Vergewaltigung und sexueller Nötigung.[3] Um diese Zahlen einmal in einen anderen Kontext zu setzen: Jede Stunde erleiden durchschnittlich 13 Frauen Gewalt in der Partnerschaft. Fast jeden Tag versucht ein (Ex-) Partner, eine Frau zu töten. Alle drei Tage stirbt eine Frau bei diesem Versuch.

Das sind nur die offiziellen Zahlen, das sogenannte Hellfeld. Wie das Dunkelfeld in Deutschland aussieht, lässt sich nur erahnen. Die letzte bundesweite Untersuchung zu Gewalt gegen Frauen stammt aus dem Jahr 2004, verfasst von Dr. Monika Schröttle und Prof. Dr. Ursula Müller. Ihr Ergebnis war, dass jeder vierten Frau in ihrem Leben mindestens einmal körperliche und/oder sexualisierte Gewalt durch den Partner und mehr als jeder dritten Frau, unabhängig vom Täter-Opfer-Kontext, körperliche oder sexuelle Gewalt oder beides seit dem 16. Lebensjahr widerfahren ist.[4] Jede dritte bis vierte Frau mit Behinderung hat in ihrer Kindheit und Jugend sexualisierte Gewalt erfahren. Das ist zwei- bis dreimal häufiger als bei Mädchen im Bevölkerungsdurchschnitt.[5]

Laut offiziellen Statistiken sind etwa 20 Prozent der Gewaltbetroffenen Männer. Ich möchte Gewalt gegen Männer nicht verharmlosen, halte es dennoch für wichtig, in diesem Zusammenhang darauf hinzuweisen, dass es wichtig ist, diese Zahl zurechtzurücken: Nach meiner Erfahrung, und das melden mir auch regelmäßig Frauenberatungsstellen, stellen einige der Männer, gegen die ihre Partnerinnen Anzeige wegen häuslicher Gewalt erstattet haben, eine Gegenanzeige. Das ist strategisch klug, denn so wird im Ermittlungsverfahren vom Täter vermittelt, dass es gegenseitige Gewalt gegeben hat oder er sich nur gegen *ihre* Gewalt verteidigen musste. Diese Fälle werden häufig eingestellt und nicht aufgelöst, landen aber dennoch in der Statistik und verfälschen sie. Auch deswegen ist es schwierig, nur mit den Zahlen des Hellfelds zu arbeiten. Seit fast 20 Jahren hat es also keine bundesweite repräsentative Studie mehr gegeben, die das Dunkelfeld zu Gewalt gegen Frauen ausleuchtet und Auskunft über das reale Ausmaß von Partnerschaftsgewalt geben könnte. Das sagt viel über die Gewichtung und Prioritätensetzung der Politik aus. Wie sollen Maßnahmen gegen Partnerschaftsgewalt entwickelt werden, wenn es noch nicht einmal aktuelle Zahlen dazu gibt?

Eine regionale Studie aus Sachsen, die im April 2023 veröffentlicht wurde, zeigt, wie wichtig solche Untersuchungen sind. Die alarmierenden, wenn auch wenig überraschenden Ergebnisse der Studie zur «Viktimisierung von Frauen durch häusliche Gewalt, Stalking und sexualisierte Gewalt» machen deutlich, dass das Dunkelfeld erheblich ist:

> «Sexualisierte Gewalt in Form von Zwang zu sexuellen Handlungen erlebten 30 Prozent der Studienteilnehmerinnen, den Versuch, sie zu sexuellen Handlungen zu zwingen, bereits mehr als die Hälfte. Die Täter waren fast ausschließ-

lich Männer, der Tatort meist das eigene Wohnumfeld. 45 Prozent der Befragten erfuhren häusliche Gewalt auf psychischer Ebene und 35 Prozent auf körperlicher Ebene. Etwa jede dritte Befragte hat partnerschaftlich körperliche und/oder sexuelle Übergriffe erfahren. Wenn Kinder in der Beziehung vorhanden sind, richtet sich in der Hälfte der Fälle Gewalt auch gegen sie. 40 Prozent der Studienteilnehmerinnen haben Erfahrung mit Stalking. Aber nur knapp ein Drittel der von Gewalt Betroffenen nimmt professionelle Hilfe, beispielsweise durch Therapeuten, in Anspruch. Gleich an zweiter Stelle liegen Fachberatungsstellen. Die Anzeigequote liegt je nach Tat zwischen 4 und 13 Prozent. Insbesondere bei sexuellen Übergriffen, aber auch bei Stalking und häuslicher Gewalt ist damit von einem sehr großen Dunkelfeld auszugehen.»[6]

Die Studie ist deshalb so wichtig, weil sie belegt, dass die offiziell erfassten Daten und Zahlen immer nur die Spitze des Eisbergs sind. Das eigentliche Ausmaß an häuslicher Gewalt ist deutlich höher.

Die Frauen, die zu mir in die Beratung kommen, sich trennen (wollen), scheiden lassen, Gewaltschutzanträge stellen, zeigen in aller Regel die Expartner nicht an. Und auch in den Jahren der Partnerschaft, in denen ebenfalls bereits Gewalterfahrungen gemacht wurden, haben sie das nicht getan. Die Gründe dafür sind komplex. Viele Betroffene, die ich familienrechtlich begleite, haben kaum Ressourcen für langwierige, nervenaufreibende Strafverfahren. Sie müssen nach der Trennung ihr Leben organisieren, sich von traumatischen Erfahrungen erholen, eine Wohnung finden, im Frauenhaus zurechtkommen, ihre Kinder versorgen, schlicht überleben. Viele der Betroffenen haben Angst, dass staatliche Institutionen wie Polizei oder Staatsanwaltschaft ihnen nicht glauben. (Zu Recht, wie wir im vierten und fünften Teil des Buches noch sehen werden.) Sie haben teilweise selbst die bittere Erfahrung machen müssen oder von Freund*innen gehört, wie es ist, die Polizei um Unterstützung zu bitten, Anzeige zu erstatten. Frauen sind dort oft unangenehmen Fragen ausgesetzt. Teilweise droht den Betroffenen sogar eine Gegenanzeige, weil auch eine «falsche Verdächtigung» strafbar ist. Der Großteil der Frauen hat erhebliche (und berechtigte) Angst vor der Rache des (Ex-)Partners und will ihn mit Anzeigen nicht noch weiter «provozieren». Einige Betroffene wollen nicht, dass der Vater ihrer Kinder Probleme mit Polizei und Justiz bekommt, sie fühlen sich verantwortlich und schuldig.

Und Scham spielt eine große Rolle. Betroffene schämen sich für die Gewalt, die ihnen angetan wurde, sie schämen sich, «Opfer» geworden zu sein. Das wird ihnen durch Partner, Gesellschaft, teilweise durch das nahe Umfeld und staatliche Institutionen, die Täter-Opfer-Umkehr betreiben, auch so vermittelt. Scham ist oft ein verstecktes Gefühl, aber ein sehr zerstörerisches. Es ist ein effektives Machtinstrument, weil die Betroffene nicht einmal gezwungen, unterworfen oder bedroht werden muss, sie wagt es *von sich aus* nicht mehr, sich zu wehren und für ihre Rechte einzustehen. Aufgrund einer inneren Unfreiheit, die durch das Shaming verursacht wurde. Scham, Schuld und misogyne Strukturen spielen so sehr erfolgreich zusammen.

2. Kreislauf des Missbrauchs: Psychische und sexualisierte Gewalt

Gewalt in Beziehungen beginnt in der Regel nicht mit einem Faustschlag, sie beginnt mit Worten, die demütigen und erniedrigen, die aber keine offensichtlichen Narben hinterlassen. Oder mit Schweigen, wenn es sich um einen systematischen Einsatz in Form von Liebesentzug handelt.[7] Bei meinen Mandant*innen geht es häufig darum, dass ihre Wahrnehmung und ihr Urteilsvermögen angegriffen werden oder versucht wird, beides zu beeinflussen und zu kontrollieren. Natürlich ist nicht jeder Konflikt zwischen Partner*innen psychische Gewalt. In allen funktionierenden Beziehungen gibt es Konflikte, und sie werden vielleicht sogar lautstark geführt. Sehr wahrscheinlich haben wir alle auch schon manipulativ agiert, um unsere Interessen und Bedürfnisse durchzusetzen. Zu psychischer Gewalt aber kommt es dann, wenn Partner versuchen, über Kontrolle, Isolation und gewaltvolle Verhaltensweisen wie Herabwürdigungen und Beleidigungen ein Herrschaftssystem in der Partnerschaft aufzubauen und die andere Seite zu unterwerfen.

Psychische Gewalt wird häufig nur als Begleiterscheinung von körperlicher Gewalt wahrgenommen und nicht als eigenständige Gewaltform. In offiziellen Kriminalstatistiken spielt sie, abgesehen etwa von Stalking-Fällen, eine untergeordnete Rolle, da es sich häufig nicht um ein strafrechtlich relevantes Verhalten handelt. Sie kann eine Vorstufe zu körperlicher Gewalt sein, aber auch für sich genommen verheerende Folgen für die Betroffenen haben, gerade wenn sie über Jahre oder Jahrzehnte ausgeübt wurde.

Psychische Gewalt in Beziehungen verläuft oft nach demselben Muster, Betroffene beschreiben immer wieder ganz ähnliche Verläufe. Beim Kennenlernen des Partners sind die Gefühle überwältigend. Wenn meine Mandant*innen davon berichten, erzählen sie von ihrem «Traumprinzen», von romantischen Liebesbekundungen, davon, dass der Partner sie mit Geschenken überhäuft hat, von einer Ekstase, die sie vorher nicht kannten. Das Verlangen nach dem Partner wird teilweise wie eine «Sucht» beschrieben, mit regelrechten «Entzugserscheinungen». Häufig kommen nach einem halben Jahr die ersten Momente des Zweifels, ausgelöst durch widersprüchliches Verhalten, Abwertungen oder die langsame Isolation durch den Partner. Der Prozess ist schleichend. Wenn es dann zu einem Ausbruch des Partners kommt, in dem er sein Gegenüber beleidigt, anschreit und herabwürdigt, verstehen die Betroffenen häufig nicht, was los ist, und suchen die Schuld bei sich.

Nach einer solchen Eskalation folgt oft die sogenannte Honeymoon-Phase[8]: Der Partner ist dann wieder liebevoll, zugewandt und zärtlich. Die Betroffenen schöpfen Hoffnung, dass sich der Vorfall nicht wiederholen wird. Danach folgen die nächste Eskalation und die nächste Honeymoon-Phase. Irgendwann werden die schönen Phasen immer kürzer und die Eskalationen massiver. Tägliche Beleidigungen, persönliche Angriffe, Anschreien, Bespucken, Liebesentzug. Die gewaltvollen Methoden sind vielfältig, das Ergebnis ist dasselbe: Die Betroffene verliert das Gefühl für ihr Selbst. Eine meiner Mandant*innen sprach von einer «vollständigen Zerstörung des Ichs».

Eine verheerende Form psychischer Gewalt, die häufig hinzukommt, ist das «Gaslighting». Dabei stellt der Täter die Wahrnehmung der Betroffenen infrage: Sie sei «psychisch krank», sie sei «hysterisch», sie sei «unreif», sie sei «unanständig». Die Betroffene beginnt langsam, an sich zu zweifeln und dem Partner zu glauben, dass *sie* das Problem sei. *Sie* müsse nur anders sein, sich anders verhalten, sich zurücknehmen, sich anpassen, dann würden die Angriffe aufhören, und es würde wieder so schön werden wie am Anfang. Die Hoffnung der Betroffenen ist hartnäckig, weil sie das Gefühl haben, sie könnten durch eine Verhaltensänderung selbst dazu beitragen, dass alles wieder gut wird. Und die Hoffnung wird auch immer wieder vom Partner durch liebevolle Honeymoon-Phasen gefüttert.

Ich erinnere mich an eine Mandantin, die innerhalb einer traditionellen, religiösen Familie aufgewachsen ist und einen Partner mit ähnlichen Wertvorstellungen kennengelernt hatte. Sie heiratete ihn, als sie noch sehr jung war, aber nach und nach änderte sich ihre Haltung. Sie wollte studieren, sich mehr mit Freund*innen treffen und überhaupt auch ihren eigenen Bedürfnissen folgen. Der Partner versuchte, überall Einfluss zu nehmen: Eine anständige Frau rauche nicht, gehe nicht aus, trinke keinen Alkohol, treffe keine Freund*innen. Die Betroffene wurde immer unsicherer, sie fühlte sich schuldig für die Konflikte, hatte keine Kraft für die ständigen Auseinandersetzungen und fügte sich schließlich den Vorstellungen ihres Partners. Vielleicht hat er recht?, fragte sie sich oft. Sie wurde unglücklicher, hatte kaum mehr Raum für sich, hatte das Gefühl, zu «ersticken» und ständig «auf Eierschalen zu laufen». Bei jedem kleinsten «Regelbruch» drohten stundenlanger Streit, Beleidigungen und Erniedrigungen. Sie wurde depressiv und bekam Panikattacken. Diese psychische Erkrankung, die durch die Gewalterfahrung verursacht wurde, nutzte der Partner dann als Rechtfertigung für seine weiteren Angriffe: Sie sei psychisch krank, wenn sie gesund wäre, hätten sie nicht ständig diese Konflikte, er wäre gern liebevoller, aber ihre Krankheiten machten es ihm so schwer.

Betroffene erzählen häufig, dass sie nicht in Ruhe gelassen werden, dass die Partner nicht aufhören, bis sie zusammenbrechen und auf dem Boden liegen. Zuvor wurden sie von ihren Partnern nicht selten über Jahre isoliert. Oftmals haben sie am Ende der Beziehung kaum noch Kontakt zu ihrer Familie und zu Freund*innen. Das ist strategisch günstig für den gewaltausübenden Partner, denn ohne Umfeld kann sich die Betroffene nicht rückversichern, ob das, was passiert, wirklich in Ordnung ist, ob sie wirklich «falsch» ist oder Dinge «falsch wahrnimmt», wie der Täter ihr weismachen möchte.

Ich hatte Mandant*innen, denen jahrelang gesagt wurde, sie seien zu hässlich, zu dick, zu dünn, zu faltig. Mandant*innen, die während der Schwangerschaft in einem gefährlichen Maße abgenommen haben, weil ihnen ihr Partner sagte, dass sie als dicke Schwangere nicht mehr begehrenswert seien. Andere Mandant*innen berichteten, dass sie irgendwann aufhörten, sich zu schminken und Nagellack zu benutzen, da ihr Partner ihnen permanent vorwarf, «eine Schlampe» zu sein und sich nur zurechtzumachen, um anderen Männern zu gefallen. Ich habe mit Mandant*innen gesprochen, deren Partner ein Doppelleben führten und ihnen jahrelang sagten, sie würden sich alles einbilden, sie seien verrückt, pathologisch eifersüchtig. Auch in vermeintlich progressiven Beziehungen höre ich von psychischer Gewalt, auch bei Männern, die ein feministisches, fortschrittliches Selbstbild vor sich hertragen. Frauen erzählten mir, dass ihre linken, feministischen Partner ihnen vorgeworfen hätten, nicht «locker» genug, nicht «zeitgemäß» zu sein, weil sie keine offene Beziehung führen wollten. Frauen, die gerade im Wochenbett lagen, kleine Kinder betreuten und kaum Kraft hatten, sich über Dates mit anderen überhaupt auch nur Gedanken zu machen. Sie hatten das Gefühl, der offenen Beziehung zustimmen zu müssen, weil sie nicht «unlocker» sein wollten, den Partner nicht «unglücklich» machen oder ihm «im Weg stehen» wollten. Einer Mandantin, die ihr monogames Beziehungsmodell nicht aufgeben und sich trennen wollte, brach der Expartner das Nasenbein. Es war das erste Mal, dass er körperlich gewalttätig wurde. Erst danach bemerkte sie, wie grenzüberschreitend sein Verhalten bereits zuvor gewesen war, wie sehr ihre eigenen Bedürfnisse von ihm übergangen worden waren.

Psychische Gewalt ist nicht selten verschränkt mit sexuell grenzüberschreitendem Verhalten bis hin zu sexualisierter Gewalt durch den Partner. Ein großes Problem dabei ist, dass die Betroffenen die Grenzüberschreitungen häufig erst rückblickend als solche wahrnehmen. Psychische Gewalt ist eine sehr wirkmächtige Waffe, wenn es um sexuelle Kontrolle geht.

Betroffene berichten mir, ihre Partner hätten ihnen gesagt, wenn sie nicht mehr regelmäßig mit ihnen schlafen würden, dann müssten sie ihre sexuellen Bedürfnisse außerhalb der Beziehung befriedigen. Oft hören sie auch, sie seien nicht mehr attraktiv genug, sollten endlich abnehmen, Sport machen, und bis dahin würden ihre Partner mit anderen Frauen schlafen, sie hätten «das Recht dazu». Aus Angst vor dem Verlust des Partners (und aufgrund struktureller und emotionaler Abhängigkeiten) stillen Frauen in derart toxischen Beziehungen oftmals seine sexuellen Bedürfnisse, auch wenn sie nicht wollen. Sie lassen sich auf sexuelle Praktiken ein, die ihnen zuwider sind. Die Täter wissen sehr genau, dass sie ihre Partnerinnen unter Druck setzen, und sie nehmen mindestens in Kauf, dass ihre Partnerinnen nicht freiwillig mit ihnen Sex haben. Teilweise drohen Partner nicht nur mit dem Ende der Beziehung und mit Liebesentzug, sie drohen auch mit körperlicher Gewalt. Einige Mandant*innen berichteten mir, dass ihre Partner sie in langjährigen Beziehungen «nur» wenige Male geschlagen hätten, aber sie seien seit dem ersten Mal auf der Hut gewesen vor dem nächsten Ausbruch, immer mit der Angst lebend, dass es wieder passieren könnte. Allein die *Möglichkeit* der Eskalation machte sie gefügig.

Wenn erst einmal ein Klima der Gewalt besteht – also Gewalt regelmäßig stattfindet und das Zusammenleben von Täter und Opfer prägt –, erkennen die Betroffenen die Verläufe gewaltförmiger Episoden sehr genau. Fordert der Partner in diesen Episoden sexuelle Handlungen, muss er kein Nötigungsmittel einsetzen, das heißt, er muss weder Gewalt androhen noch anwenden, um Geschlechtsverkehr zu erzwingen. Wenn sich die Frauen in solchen Situationen nicht wehren oder ihrem Widerwillen Ausdruck verleihen, führt das wiederum dazu, dass die Partner sich einreden können, nicht gewalttätig zu sein. Die Gewalt besteht in dem Moment nicht darin, dass er konkret körperliche Gewalt ausübt oder mit ihr droht, sondern darin, dass beide wissen, dass diese als Instrument jederzeit zur Verfügung steht. Ebenso wie die Androhung, fremdzugehen oder die Partnerin zu verlassen.

Es gibt sicher Menschen, die behaupten würden, dass die Betroffenen sich doch eigenverantwortlich verhalten und «Nein» sagen könnten. Nur begreifen diese Menschen nicht, dass eigenverantwortliches Handeln nur möglich ist, wenn man keinen strukturellen Zwängen unterliegt. Psychische Gewalt kann zwar in allen Familien und Partnerschaften vorkommen, aber ich habe die Erfahrung gemacht, dass diese Gewaltform häufig gerade in sozial eher besser situierten Akademikerfamilien anzutreffen ist. Unter meinen Mandant*innen sind Mediziner*innen, Jurist*innen, Wissenschaftler*innen, die alle nicht glauben konnten, dass ihnen so etwas passieren würde. Vielleicht, weil die Partner wissen, dass es keine sichtbaren Spuren geben wird?

Betroffene, die psychische Gewalt erfahren haben und zu mir kommen, haben häufig Angst, dass ich sie wieder wegschicke. Sie entschuldigen sich förmlich, dass ihnen nicht «mehr» passiert ist. Manche beginnen mit dem Satz: «Ihre anderen Mandant*innen erleben sicher viel Schlimmeres.» Das liegt vor allem daran, dass sie die Erfahrung gemacht haben, nicht ernst genommen zu werden, weder von ihrem nahen Umfeld noch von staatlichen Institutionen wie der Polizei. Eine Betroffene sagte einmal zu mir: «Ich wünschte, er hätte mich geschlagen, damit mir endlich jemand meine Schmerzen glaubt», oder: «Irgendwann wollte ich ihn provozieren, damit er mich endlich schlägt, damit ich Beweise gegen ihn habe.»

Während sie erzählen, entschuldigen sie sich. Dafür, dass sie zu viel Zeit in Anspruch nehmen, dass ihre Geschichte vielleicht nicht «gewaltvoll genug» ist. Immer wieder wollen sie wissen: «Verstehen Sie mich?» Sie stellen sich und ihre Wahrnehmung auch bei mir in der Beratung, in einem geschützten Raum, infrage. So vernichtend kann psychische Gewalt sein. Und dennoch wird sie von staatlichen Institutionen und der Gesellschaft oft nicht ernst genommen. Ein verständnisloses, unwissendes Umfeld und eine für Traumata nicht sensibilisierte Justiz und Polizei setzen die jahrelange Entwertung durch den Täter fort und verstärken sie noch, wie wir später sehen werden.

3. Zementierte Ungleichheit: Wirtschaftliche Gewalt

Die wirkmächtigste und zugleich unsichtbarste Form der Gewalt gegen Frauen ist die wirtschaftliche Gewalt. Sie durchdringt unsere Gesellschaft und unser Wirtschaftssystem. Im Grunde fußt beides auf der wirtschaftlichen Unterwerfung der Frau. Während körperliche Gewalt Frauen punktuell und folgenschwer betrifft, wirkt wirtschaftliche Gewalt leise, aber durchgängig.

Ausgangspunkt sind dabei Machtverhältnisse, die häufig durch rechtliche Regelungen gestützt werden. Vom Ehegattensplitting etwa war bereits die Rede. Damit begünstigt das deutsche Steuersystem vor allem diejenigen, die eine klassische Alleinversorgerehe führen. Vereinfacht ausgedrückt sind das Ehen, in denen einer (in der Regel der Mann) das Geld verdient und die andere (in der Regel die Frau) ganz zu Hause bleibt oder nur sehr wenig Geld verdient. Je höher die Differenz der Einkommen, desto höher ist der Steuervorteil.

Wir leben in einem Land, in dem es steuerrechtliche Regelungen für Eheleute gibt, die seit den Fünfzigerjahren nicht geändert wurden. Die Hausfrauenehe war bis Ende der Siebzigerjahre die im Bürgerlichen Gesetzbuch ausdrücklich festgeschriebene Regelform der Ehe. Dazu gehörte, dass die Ehefrau ausschließlich und allein für Haushalt und Kinder zuständig war und nur mit der Zustimmung ihres Ehemannes erwerbstätig sein durfte. Diese gesetzliche Manifestation der Frauenunterdrückung wurde mit der Eherechtsreform 1977 abgeschafft, die Steuerregelungen blieben hingegen unverändert. Die Frau durfte nach der Reform zwar arbeiten, aber wirtschaftlich begünstigt wurde dadurch trotzdem der Ehegatte, der mehr verdiente, indem er durch die Eheschließung deutlich weniger Steuern zahlen musste. Die Rechte der Frau wurden zwar erweitert, aber die wirtschaftlichen Machtverhältnisse wurden nicht angetastet.

Vom Ehegattensplitting profitieren vor allem wohlhabende Ehen, und der Steuervorteil nimmt zu, je mehr die eheinterne Arbeitsteilung sich dem Modell der Einverdienstehe nähert.[9] Dadurch, dass der Zweitverdienst vergleichsweise hoch besteuert wird, werden falsche Anreize geschaffen.

Eine Erwerbstätigkeit und damit die eigenständige Existenzsicherung für die geringer verdienende Ehepartnerin werden deutlich erschwert.[10] So entsteht Raum für Machtmissbrauch und Druck vonseiten der Partei, die das Geld verdient.

Ich erinnere mich an Gespräche mit Mandant*innen, die mir erzählten, dass sie nie viel gearbeitet hätten, weil es sich ja gar nicht gelohnt habe. Der Mann hatte sie davon überzeugt, zu Hause zu bleiben, er verdiene ja genug Geld, wenn sie mehr arbeiten würde, müssten sie mehr Steuern zahlen, so habe sie Zeit für Haushalt und Kinder. Für manche der Partner meiner Mandant*innen war das wohl auch ein vorgeschobener Grund, sie kleinzuhalten, abhängig zu machen, zu kontrollieren. Die Frauen blieben jahrelang zu Hause, arbeiteten höchstens in Teilzeit wenige Stunden die Woche. Sie wurden mit den Jahren wirtschaftlich vollkommen abhängig von ihrem Partner. Eine Rückkehr in den Beruf wurde schwieriger. Es handelte sich teilweise um ausgebildete Medizinerinnen oder Juristinnen. Sie waren irgendwann nicht nur abhängig vom Einkommen des Partners, sie waren auch abhängig von seinem «guten Willen», das erwirtschaftete Geld auch in ihrem Interesse einzusetzen. Mehr und mehr bestimmten die Männer, wie das Geld ausgegeben werden sollte und wofür, manchmal hatten die Frauen gar keinen Zugang mehr zum gemeinsamen Konto und bekamen von ihren Partnern ein «Taschengeld» ausgezahlt. Ich denke an den verzweifelten Anruf einer Ratsuchenden, die das Geld für die anwaltliche Beratung nicht unerkannt vom Konto abheben oder überweisen konnte, da ihr Partner alle Aus- und Eingänge kontrollierte. Sie erzählte, dass sie sich monatelang keine juristische Trennungsberatung habe leisten können und sich nun melde, weil eine Nachbarin ihr Geld geliehen habe.

Das deutsche Modell des Ehegattensplittings wurde vom Bundesverfassungsgericht 1982 noch mit dem Argument verteidigt, dass zusammenlebende Eheleute eine Erwerbs- und Verbrauchsgemeinschaft bildeten, in der ein Ehegatte an den Einkünften und Lasten des anderen wirtschaftlich zur Hälfte teilhabe. Dem lag die Annahme zugrunde, dass es grundsätzlich eine «wirtschaftliche Realität der intakten Durchschnittsehe» gebe, in der ein «Transfer steuerlicher Leistungsfähigkeit zwischen den Partnern» stattfinde.[11] Einfacher ausgedrückt: Das Bundesverfassungsgericht ging davon aus, dass alle Eheleute in einer funktionierenden, gesunden Beziehung leben und ihr Einkommen und ihre Ausgaben fair und gerecht und hälftig teilen. Dass das in sehr vielen Partnerschaften nicht der Realität entspricht und es im Gegenteil sehr viel Raum für Machtmissbrauch durch den wirtschaftlich stärker gestellten Ehepartner gibt, ist sicher nicht überraschend.

Frauen, die Gewaltbeziehungen beenden und sich trennen wollen, haben in Deutschland oft nur die Wahl zwischen Gewaltbeziehung und Armut - und das gilt vor allem dann, wenn sie Kinder haben. Wenn wir uns die Situation von Alleinerziehenden in Deutschland anschauen, dann sehen wir sehr deutlich, wie mutig und risikoreich eine Trennung sein kann: Alleinerziehende sind nach Arbeitslosen die am häufigsten von Armut betroffene Gruppe, 43 Prozent der Alleinerziehenden gelten als einkommensarm.[12] In einigen Fällen liegt es daran, dass sie zu wenig Zeit und Möglichkeiten haben, mehr als nur in Teilzeit zu arbeiten. Oft aber reicht das Einkommen, selbst wenn sie in Vollzeit arbeiten, nicht für das Leben mit den Kindern aus. So gehen alleinerziehende Mütter häufiger einer Beschäftigung nach als Mütter in Paarfamilien und arbeiten öfter in Vollzeit. Auch 40 Prozent der Alleinerziehenden, die Sozialleistungen erhalten, üben eine Erwerbstätigkeit aus, mehr als der Durchschnitt der Leistungsempfänger*innen.[13]

Das hohe Armutsrisiko hat also nicht unbedingt etwas mit fehlender Erwerbstätigkeit zu tun, sondern auch damit, dass Alleinerziehende häufig beispielsweise Berufe ausüben, die schlecht bezahlt sind. Dass der Staat sie dazu noch intensiver besteuert und nicht sicherstellt, dass sie zumindest Kindesunterhalt vom anderen Elternteil erhalten, und dieser Kindesunterhalt oder das Kindergeld nicht auch noch mit Sozialleistungen verrechnet wird, zeigt die Gleichgültigkeit und die bewusste Inkaufnahme der Abhängigkeitsverhältnisse. Das ist eine Form von struktureller Gewalt. Noch immer wird in Deutschland über die Einführung der Kindergrundsicherung diskutiert, die helfen soll, Kinderarmut zu beseitigen. Und das in einem Land mit der viertgrößten Wirtschaftsleistung weltweit. Wenn politische Entscheidungsträger*innen in Kauf nehmen, dass Kinder vernachlässigt werden, auf das Allernötigste verzichten müssen, leiden, teilweise sogar hungern, wenn mehr als jedes fünfte Kind in Deutschland arm oder von Armut bedroht ist, *obwohl* der Staat alle Möglichkeiten hätte, das zu ändern, dann ist das eine still wirkende Gewalt.

Weil Frauen nach der Trennung mit ihren Kindern häufig in prekäre Verhältnisse stürzen, wägen sie länger ab, ob sie es nicht noch ein paar Jahre länger in der Beziehung «aushalten». Sie haben berechtigte Angst, dass sie ihren Kindern nach der Trennung nichts mehr «bieten» können. Nicht selten wird diese Situation auch von wirtschaftlich besser gestellten Partnern im Sorgerechtskonflikt ausgenutzt: Es wird versucht, Kinder mit Geschenken und größeren Wohnungen dahingehend zu beeinflussen, dass sie mehr Zeit im Haushalt der Expartner verbringen. Ich verwende mit Absicht nicht den Ausdruck «manipulieren», weil er impliziert, dass die Kinder leicht beeinflussbare Personen seien, ohne starken eigenen Willen und ohne zu wissen, was ihre eigentlichen Bedürfnisse sind. Dabei sind auch Kinder nur ein Teil dieser Gesellschaft, in ihr sozialisiert und von ihr beeinflusst. Sie wünschen sich das Spielzeug oder die Markenkleidung, die ihre Freund*innen und Mitschüler*innen auch haben. Sie wünschen sich, wie die anderen ein Eis essen oder ins Kino zu gehen, den «Normen» zu entsprechen. Sie möchten dazugehören und entscheiden sich nicht selten, wenn sie schon etwas älter sind, im Sinne ihrer eigenen Interessen für das bessere Leben im Wohlstand, der ihnen statistisch gesehen eher von den Vätern ermöglicht werden kann. Auch wenn es um den Willen der Kinder geht, kommen wir nicht umhin, das gesamte Bild zu sehen und uns zu fragen, wer Privilegien, Macht und Ressourcen hat.

Ich erinnere mich an einen Fall, bei dem die gewaltbetroffene Mutter nach der Trennung aus der Ehewohnung in eine kleinere Wohnung umziehen musste, weil sie sich die alte Wohnung nicht allein hätte leisten können. Die (teilweise auch älteren) Kinder, die bei ihr blieben, mussten sich in der Folge mit der Mutter ein Zimmer teilen. In den familiengerichtlichen Verfahren spielte die Gewalt gegen die Mutter, die die Kinder mitbekommen hatten, für die Frage, in welchem Haushalt sie leben sollten, wie sehr häufig, kaum eine Rolle. Stattdessen wurde der Mutter von der Richter*in, dem Verfahrensbeistand und dem Jugendamt nachteilig ausgelegt, dass die Kinder in ihrer neuen Wohnung nicht genügend «Rückzugsraum», keinen Platz für ihre Hausaufgaben hätten, generell nicht genügend Wohnraum für sie zur Verfügung stehe. Das entspreche nicht dem Kindeswohl.

Hier beginnt das wirtschaftliche Machtungleichgewicht direkt Einfluss auf gerichtliche Entscheidungen zu nehmen. Natürlich ist gute materielle Versorgung ein relevanter Aspekt des Kindeswohls. Das leistbare Niveau an materieller Versorgung hängt aber direkt mit dem ungleich verteilten Wohlstand zusammen, und der höhere Wohlstand findet sich in der Regel bei Männern und Vätern. Das Gericht sieht nur die einzelne Frau, den einzelnen Fall. Die Mutter ist nicht in der Lage, ihren Kindern materiell das Gleiche zur Verfügung zu stellen wie der Vater, das ist ein Nachteil. Das kann im Worst Case dazu führen, dass sie vom Jugendamt oder vom Familiengericht dazu gedrängt wird, die Kinder im Haushalt des Vaters zu lassen. Schließlich, so heißt es dann, gehe es ja um den Willen und das Wohl der Kinder. Das Gericht interessiert sich im Rahmen der Entscheidungsfindung nicht für die strukturell bedingte Ungleichheit, die dazu führt, dass Mütter bei einer Trennung in den allermeisten Fällen wirtschaftlich schlechter dastehen als ihre Partner. Dabei sorgt dieses Nichthinschauen dafür, dass seine Entscheidung am Ende nicht «neutral» ist, sondern die wohlhabendere Partei (in der Regel den Mann) bevorzugt. Die vom Vater ausgeübte wirtschaftliche Gewalt gegen die Mutter wird von der Justiz fortgesetzt.

III. Macht und Kontrolle

1. «Natürliche» Aufgaben der Frau: Kinder und Care-Arbeit

Für Frauen rückt der bezahlte Beruf in den allermeisten Beziehungen nach der Geburt von Kindern in den Hintergrund, sie übernehmen den Großteil der Care-Arbeit in den Familien. Oft kehren Mütter nach der Geburt nicht wieder in ihren Beruf zurück oder arbeiten weniger. So verdienen sie nichts oder deutlich weniger als zuvor. Sie sammeln während der Elternzeit, aber auch danach in ihrer Teilzeitbeschäftigung weniger Arbeitserfahrung, können sich nicht fortbilden und beruflich weiterentwickeln, während Väter in dieser Zeit Karriere machen und ihr monatliches Einkommen und ihr Vermögen vergrößern können. 60 Prozent der Väter beantragen in Deutschland keinen einzigen Monat Elterngeld. Die Väter, die in Elternzeit gehen, nehmen durchschnittlich 3,4 Monate Elternzeit, 75,4 Prozent von ihnen nehmen nur die Mindestdauer von 2 Monaten (die sogenannten Partnermonate) in Anspruch.[1]

Ein Machtgefälle in Beziehungen entsteht auf unterschiedliche Art und Weise. Es entsteht, wie im vorigen Teil gesehen, durch physische, psychische und wirtschaftliche Gewalt. Darüber hinaus gibt es strukturelle Benachteiligungen, die Machtpositionen zementieren. Wenn Frauen Kinder haben, greifen gleich mehrere strukturelle Risiken, den Gender Care Gap, das Armutsrisiko als Alleinerziehende, ein ungerechtes Steuersystem. Nach der Elternzeit geht die ungleiche Verteilung weiter. Was das für finanzielle Folgen für die Frauen hat, sehen wir in einer Studie des Familienministeriums aus dem Jahr 2015: 19 Prozent der mit Männern verheirateten Frauen zwischen 30 und 50 Jahren verdienen kein eigenes Geld und sind vollständig vom Einkommen ihres Ehemannes abhängig; 63 Prozent der mit Männern verheirateten Frauen zwischen 30 und 50 Jahren verdienen netto 1000 Euro und weniger, nur 6 Prozent der mit Männern verheirateten Frauen haben ein Nettoeinkommen von 2000 Euro oder mehr.[2] Diese Zahlen zeigen nicht nur die wirtschaftliche Abhängigkeit der Frauen in ihren aktuellen Beziehungen, sondern auch, dass viele dieser Frauen im Alter ohne die Alterssicherung ihrer Ehemänner verarmen würden.

Die Folgen für Partnerschaften, in denen Gewalt gegen Frauen ausgeübt wird, sind massiv. Stellen wir uns vor, was die jetzige Care-Situation für gewaltbetroffene Frauen bedeutet, die sich trennen wollen. Wenn ich Erstgespräche mit Mandant*innen führe, die sich noch nicht getrennt haben, erzählen sie mir häufig davon, dass in erster Linie sie es sind, die die Kinder betreuen und zu Hause geblieben sind. Sie arbeiten in Teilzeit, sobald das Kind in die Kita kommt, anders geht es nicht. Der Deal mit dem Partner ist häufig, dass er der Vollzeitbeschäftigung nachgeht, weil es sich «mehr lohnt».

Die gleichrangige Verteilung und Übernahme von Care-Arbeit ist für die Verbesserung der ökonomischen Situation der Frauen zentral. Sie ist damit auch eines der effektivsten Mittel zur Gewaltprävention. In Deutschland wird aber häufig erst dann eine gleichberechtigte Aufteilung der Care-Arbeit eingefordert, wenn Mütter sich getrennt haben und sich plötzlich mit dem Vorwurf konfrontiert sehen, das gemeinsame Kind nicht «teilen» zu wollen oder es zu sehr für sich zu «vereinnahmen». Ich kann mich an keinen einzigen Fall erinnern, in dem der gewalttätige Expartner *vor* der Trennung dieselbe Care-Arbeit geleistet und die Kinder hälftig betreut hat.

Im Gegenteil kam es eher zu eskalierenden und gefährlichen Konflikten, wenn gewaltbetroffene Mütter während der Partnerschaft mehr Unterstützung von ihren Partnern einforderten.

Ich erinnere mich an eine Mandantin, die sich nicht traute, die gemeinsamen Kinder nachmittags im kalten Winter mit nach Hause zu nehmen, weil ihr Partner im Homeoffice seine Ruhe haben wollte und «die Schritte der Kinder in der Wohnung nicht ertragen» konnte. Sie wollte Konflikte und Gewalt im Beisein der Kinder vermeiden und zwang sich, den Nachmittag bis in die Abendstunden in Eiseskälte mit ihnen auf dem Spielplatz zu verbringen. Ein warmes, geborgenes Zuhause hätte es auch nicht gegeben. Die Kinder, vier, sechs und zehn Jahre, sollten im Beisein des Vaters auf Zehenspitzen laufen, durften nicht spielen, nicht laut sein, nicht reden. Wenn sie sich nicht an seine Regeln hielten, beschimpfte er die Mutter als «Totalausfall»: *Sie* hätte die gemeinsamen Kinder schlecht erzogen.

Derselbe Vater überzog meine Mandantin nach der Trennung in familiengerichtlichen Sorgerechtsverfahren jahrelang mit immer neuen Vorwürfen, sie wolle ihm nicht die Kinder zur Betreuung überlassen, sie sei nicht erziehungsgeeignet, sie instrumentalisiere die Kinder, er wolle Verantwortung für die Kinder übernehmen, sie lasse ihn nicht. Diese Verfahren führte er so lange, bis die Mutter körperlich und seelisch *wirklich* nicht mehr in der Lage war, die Kinder zu betreuen, und über einen längeren Zeitraum stationär behandelt werden musste. So wurde sie tatsächlich noch zu einem «Totalausfall», durch die Nachtrennungsgewalt des Vaters, mit dem Staat als Komplizen. Der Mann bekam das alleinige Sorgerecht, und die Kinder zogen zu ihm.

Immer wieder erlebe ich solche Situationen in meiner Anwältinnenpraxis. Das Narrativ der überprotektiven, die

Kinder nicht teilen wollenden, instrumentalisierenden Mutter ist sehr stark in der Gesellschaft. Dabei brauchen wir uns nur die oben genannten Zahlen anzuschauen, den Großteil der Sorgearbeit übernehmen in Familien die Frauen, in den meisten Beziehungen gibt es keine Teilung der Care-Arbeit, bis es zur Trennung kommt. Erst danach kämpft der Vater um das Wechselmodell, nicht selten, um keinen Unterhalt zahlen zu müssen. Gerecht und gleichmäßig lässt sich Sorgearbeit aber nur aufteilen, wenn diese Aufteilung von Geburt der Kinder an gilt und nicht erst nach der Trennung der Eltern. Nach der Trennung wird sie nicht selten als Instrument zur Unterdrückung der Frau genutzt. Um weiterhin Kontrolle und Macht auszuüben, Einfluss auf Entscheidungen zu haben. Jede sorgerechtlich relevante Frage wird genutzt, um ihr immer wieder klarzumachen: Du kannst nicht allein und autonom entscheiden, ich bin immer noch da, du musst mich um Erlaubnis bitten, du kommst nicht an mir vorbei, ich mache dir das Leben schwer, weil ich es *kann*.

Trotz dieser Realität gewaltbetroffener Mütter hält sich hartnäckig das Vorurteil, dass es den Frauen in Sorgerechts- und Umgangsrechtsstreitigkeiten um Macht und Geld gehe, wenn sie der geteilten Betreuung nicht zustimmen, weil sie nur dann Anspruch auf Unterhalt hätten. Die Erzählung von der Mutter, die nach der Trennung nur auf Geld aus sei, ist nicht nur zutiefst misogyn, sondern auch sehr leicht durch Zahlen zu widerlegen. So erhält etwa jede zweite Alleinerziehende gar keinen Kindesunterhalt vom anderen Elternteil, und von den anderen 50 Prozent erhält ein großer Teil einen zu geringen Betrag.[3] Insgesamt bekommt laut einer Studie des Deutschen Jugendinstituts von 2021 nur knapp jedes vierte Kind, das mit einer Alleinerziehenden lebt, einen der Düsseldorfer Tabelle[4] entsprechenden Mindestunterhalt.

43 Prozent der Alleinerziehenden leben in Armut, und 34

Prozent der Alleinerziehenden müssen Hartz IV (mittlerweile Bürgergeld) beantragen, ein Großteil von ihnen trotz Erwerbstätigkeit.[5]

Zur Wahrheit gehört aber auch, dass mehr als ein Drittel der Alleinerziehenden (35 Prozent) laut einer Studie des Deutschen Jugendinstituts auf Unterhalt verzichtet, um das Verhältnis zum Expartner nicht zu belasten.[6] Ich erinnere mich an sehr viele Gespräche mit Mandant*innen, die ihre Kinder nach der Trennung hauptsächlich betreuten und damit Anspruch auf Unterhalt gehabt hätten, ihn aber nicht einforderten, weil sie keine Kraft mehr für Auseinandersetzungen und Stress hatten, weil sie ihren Kindern zuliebe endlich «Ruhe» in ihrem Leben haben wollten. Aus Angst vor weiterer Gewalt, aus Angst vor Eskalationen, wenn sie für ihre Rechte und die Rechte der Kinder einstehen.

Wenn wir von unbezahlter Care-Arbeit sprechen, stoßen wir sehr schnell auf ein strukturelles Problem: Unser ganzes Wirtschaftssystem basiert auf dieser Arbeit, ohne sie würde es sofort zusammenbrechen. Die kapitalistische Gesellschaft setzt daher viel daran, die heteronormative Kernfamilie zu fördern und aufrechtzuerhalten. Die Lohnarbeit in einer 40-Stunden-Woche baut darauf auf, dass die Grundbedürfnisse der Arbeiter*innen anderweitig erfüllt werden – ihre Bedürfnisse nach Ernährung, Unterkunft, Pflege, Liebe und Familie. Nur so können die Arbeiter*innen arbeitsfähig bleiben. Im Kapitalismus besteht ein Interesse daran, dass diese Bedürfniserfüllung durch Care-Arbeit unbezahlt abläuft – denn sonst müssten die Löhne steigen.

Unbezahlte Care-Arbeit ist nur ein Element von vielen in gesellschaftlichen Strukturen und historisch gewachsenen ungleichen Machtverhältnissen zwischen Männern und Frauen, die beste Voraussetzungen für wirtschaftliche Gewalt schaffen. Ich denke an etliche Beratungssituationen, in denen mir gewaltbetroffene Frauen erzählten, dass sie im Fall einer Trennung von ihrem eigenen Einkommen keine eigene Wohnung und kein Leben mit Kindern finanzieren könnten. Es handelte sich um Altenpfleger*innen, Krankenpfleger*innen, Erzieher*innen, alles «systemrelevante» Berufe.

Alle gewaltbetroffenen Frauen, mit denen ich gesprochen habe, brauchten mehrere Anläufe, bis sie sich trauten, sich endgültig zu trennen. Sie kamen immer wieder zu mir in die Beratung. Es gab einige, die zu ihren gewalttätigen Expartnern zurückkehrten, die bei Freund*innen und Verwandten nicht lang genug unterkommen konnten, um eine eigene Wohnung zu finden, die sie sich hätten leisten können. Frauen, die nicht in ein Frauenhaus ziehen konnten, weil sie Haustiere hatten oder ältere Söhne, die in vielen Frauenhäusern nicht aufgenommen werden dürfen.

In der Praxis müssen sich viele Mandant*innen schon beim Gedanken an die Trennung damit auseinandersetzen, dass sie danach womöglich nicht allein über die Runden kommen und aufstockend Sozialleistungen beziehen müssen. Das hat zur Folge, dass sie häufig aus der gemeinsamen Wohnung ausziehen müssen, da die Mieten nur bis zu einer gewissen Größe der Wohnung und einem bestimmten Mietpreis vom Amt übernommen werden. Das hat wiederum zur Folge, dass sie sich gerade in Großstädten in einem vollkommen eskalierten Wohnungsmarkt wiederfinden und massive Schwierigkeiten mit der Wohnungssuche haben. Manche haben aufgrund der Teilzeitarbeit oder geringen Beschäftigung, der sie während der Partnerschaft nachgegangen sind, keine Gehaltsabrechnungen, mit denen sie auf dem Wohnungsmarkt noch ansatzweise mit anderen Familien oder Singles konkurrieren könnten – oder sie haben überhaupt kein Gehalt nachzuweisen.

Die meisten meiner Mandant*innen müssen ihr gesamtes

soziales Netz verlassen, in Rand- und Außenbezirke oder sogar ganz aus Berlin wegziehen, neue Jobs suchen, ihre Kinder von der Schule nehmen, neue Kitaplätze finden, ihre Freund*innen verlassen. Wenn man täglich bedroht, erniedrigt wird, seit Jahren körperliche und/oder psychische Gewalt erfährt, wenn klar ist, dass die Trennung diese Gewalt nicht unbedingt beenden wird, weil der Partner schon damit gedroht hat, einen «fertigzumachen», wenn man sich trennen sollte – wie soll man in so einer Situation noch die Kraft aufbringen, unzählige Wohnungsbesichtigungen durchzuführen und ein komplett neues Leben zu organisieren? Es sind ganz reale, praktische Gründe, warum Frauen oft in gefährlichen Gewaltbeziehungen bleiben.

Sehr häufig können Frauen nach einer längeren Zeit der Kinderbetreuung oder Teilzeittätigkeit nicht Vollzeit in den Job zurückkehren, etwa weil es die Kitaplatzsituation nicht zulässt oder die Arbeitsstätte keine Möglichkeiten bietet – gerade wenn man sich außerhalb der Elternzeit befindet, die Kinder also älter als acht Jahre sind.[7] Und es ist natürlich klar, dass auch in der Vollzeitbeschäftigung nicht die Lösung liegt. Damit läge die alleinige Last und Verantwortung auf der Mutter. Vielleicht können und wollen manche Frauen nicht Vollzeit arbeiten, weil sie Zeit brauchen für Care-Arbeit. Aber die Freiheit, das zu entscheiden, haben viele nicht.

Außerdem entsteht so schnell ein System, das die Probleme nur auf andere verlagert. Es bringt gesamtgesellschaftlich gesehen wenig, wenn eine Frau zwar in Vollzeit arbeitet, aber das nur schafft, weil sie eine Putzkraft oder Babysitterin einstellen kann, die wiederum so schlecht bezahlt wird, dass sie von ihrem Hungerlohn kaum über die Runden kommt. Die Ausbeutung und Unfreiheit der Frauen verlagern sich auf diese Weise nur weiter auf sozial und wirtschaftlich benachteiligte, vulnerablere Frauen. Migrantische Frauen ohne sicheren Aufenthalt in Deutschland, geflüchtete Frauen ohne Arbeitserlaubnis, Frauen, die ausschließlich aus dem Grund der Pflege, der Haushaltsarbeit, der sexuellen Ausbeutung im Ausland geheiratet und nach Deutschland gebracht werden. Frauen, die wiederum in Ehen feststecken, auf die sie sich eingelassen haben, um ihre Kinder ernähren zu können, die sie zurücklassen mussten. Die hoffen, dass sie ihnen monatlich Geld schicken können, wenn sie erst einmal in Deutschland angekommen sind und ihr erstes Gehalt bekommen. Auch Mandant*innen von mir waren betroffen. Ich habe ein paar von ihnen gefragt, ob sie gern in Deutschland oder lieber mehr zu Hause bei ihren Kindern wären. Sie antworteten, dass sie nicht darüber nachdenken würden, denn sie hätten eh keine Wahl, eine Alternative gebe es nicht, nur so könnten sie ihren Kindern im Heimatland ein menschenwürdiges Leben ermöglichen.

Dass der Kampf für Gleichberechtigung, also beispielsweise das Recht auf Vollzeitarbeit, nicht immer Freiheit und Gerechtigkeit für die Geschlechter bedeutet, lassen jüngst veröffentlichte Zahlen erahnen: Nach einer Anfrage der Bundestagsfraktion der Linken gab das Bundesarbeitsministerium an, dass jede dritte in Vollzeit beschäftigte Frau in Deutschland nach 40 Jahren Vollzeitbeschäftigung eine Rente von weniger als 1000 Euro zu erwarten habe.[8] Betroffen sein werden davon in Zukunft Millionen von Frauen. Was bedeutet das für Abhängigkeits- und Machtverhältnisse innerhalb von Beziehungen? Was macht es mit einem Menschen, wenn er irgendwann erkennen muss, dass er immer abhängig sein wird, vom Partner oder vom Staat? Was macht es mit dem Selbstwert, mit dem Selbstbewusstsein einer Frau, wenn sie weiß, dass sie trotz Bildung und/oder harter Arbeit und Anstrengung weder jetzt noch später gut leben wird? Wie sollen gewaltbetroffene Frauen sich aus Gewaltbeziehungen befreien, wenn die Entscheidung für die Trennung Armut und Existenzbedrohung bedeutet?

Neben wirtschaftlicher Abhängigkeit ist auch die Scham eine der wesentlichen Kräfte, die dafür sorgen, dass gewaltbetroffene Frauen sich nicht von ihren gewalttätigen Partnern trennen. Oft haben Frauen Angst vor der Reaktion ihres Umfelds. Das Thema Partnerschaftsgewalt, häusliche Gewalt ist immer noch schambesetzt. Die Scham empfinden weniger die Täter, wie man vielleicht annehmen könnte, sondern in erster Linie die Betroffenen. Die gesellschaftlichen Strukturen sind so durchtränkt von Misogynie, dass Polizist*innen immer noch fragen, welche Kleidung Gewaltbetroffene getragen hätten, als sie sexualisierte Gewalt erlebten. Bekannte und Angehörige fragen Betroffene, wie sie ihren Partner denn so sehr provoziert hätten, dass er zugeschlagen hat. Die Einstellung, dass alles «zwei Seiten» habe, sitzt tief und reicht bis in die gerichtlichen Verfahren, in denen von «streitiger Trennung» gesprochen wird, wenn die eine Seite sich trennen möchte, während die andere Seite die Trennung nicht akzeptiert und die Expartnerin bedroht und stalkt. Ich erlebe immer wieder, welch große Angst Mandant*innen davor haben, dass ihr Umfeld erfährt, dass sie in ein Frauenhaus gezogen sind, dass sie über Jahre misshandelt wurden und sich nicht gewehrt haben.

Wenn Frauen Kinder haben, wird es für sie, unabhängig von strukturellen Hindernissen, noch schwieriger, sich zu trennen. Das Ideal in dieser Gesellschaft ist ein Leben in der Kleinfamilie. Sicher gibt es vor allem in urbanen Regionen bereits andere Familienmodelle, aber das betrifft noch lange nicht die Mehrheit. Alleinerziehende haben es immer noch schwer, die Scham und Schuld bei den Müttern sind groß, wenn sie sich trotz Kindern trennen. Das Narrativ der Alleinerziehenden, die ihren Kindern kein gutes Leben ermöglichen kann, ist wirkmächtig. Oft wird der Mutter egoistisches Verhalten vorgeworfen, wenn sie sich trennt und damit das «wohlbehütete» Leben ihrer Kinder «zerstört». Wenn nicht *sie* es war, die sich getrennt hat, gibt es im Umfeld Menschen, die sich wundern, was *sie* wohl falsch gemacht hat, dass *er* sich von ihr getrennt hat. Die Gesellschaft ist schnell dabei, Kinder von Alleinerziehenden zu pathologisieren, sie seien sicher trauriger, belasteter, müssten die Trennung noch ewig mit sich herumtragen. Natürlich ist es für Kinder schwierig, wenn ihre alleinerziehende Mutter um ihre Existenz kämpfen muss, keinen bezahlbaren Wohnraum mehr findet. Aber wer trägt hierfür die Verantwortung? Sicher nicht die Mütter, die mit der Trennung ein besseres Leben für sich und die Kinder suchen.

Nur weil ein Paar nicht getrennt lebt, stellt es noch lange keine «intakte Familie» dar, und der Schaden, den gewaltvolle Beziehungen auf Kinder haben, wird häufig übersehen. Die Erzählung, dass nur die Kleinfamilie für Kinder angemessen ist, hat eine Funktion: Sie stabilisiert das patriarchale Machtgefüge und bringt jene in Rechtfertigungszwang, die sich dieser Norm nicht unterordnen. Nicht die Gewalt in der Kleinfamilie muss dann erklärt werden, sondern die Flucht daraus.

Frauen lernen von Kindheit an, dass sie von Natur aus der «liebevollere», «zärtlichere» Part seien. Sie nehmen die emotionale Zurückweisung und den härteren, lieblosen Umgang des Partners lange hin und als gegeben oder «normal» wahr. Mandant*innen berichten mir immer wieder, dass sie trotz der Gewalt lange um ihre Beziehung «gekämpft» hätten, da sie die Verantwortung empfanden, für Harmonie zu sorgen, ihren Partner und die Beziehung zu «heilen». Sie hatten das Gefühl zu «versagen», wenn sie ihn, den Aggressor, nicht glücklich machen und beruhigen konnten.

Das jetzige Ungleichgewicht der Care-Situation bringt Frauen nicht nur in wirtschaftliche Bedrängnis und finanzielle Abhängigkeiten, es stärkt patriarchale Strukturen und fördert tradierte Geschlechterrollen und dysfunktionale Beziehungen, weil schon kleine Jungs und später Männer vermittelt bekommen, sich nicht um andere kümmern zu müssen und Fürsorglichkeit und Zuwendung nicht zu brauchen. Die Außenwelt, aber auch der soziale Nahbereich, die Familie, vermitteln Kindern, dass es männlich sei, kein Interesse und keine Fürsorglichkeit zu zeigen.

Viele Männer erkennen die von der Frau geleistete Care-Arbeit und emotionale Arbeit nicht an. Es wird nicht gesehen, dass diese Arbeit zusammen mit der Lohnarbeit quantitativ die Arbeit des Mannes sogar übersteigt.[9] Dass Care-Arbeit in unserer Gesellschaft unsichtbar ist, hat damit zu tun, dass sie immer noch als «natürliche» Arbeit der Frauen gesehen wird, durch die sie ihre «natürlichen Bedürfnisse» stillen und die sie aus Dankbarkeit für die Familie übernehmen. Wie schon erwähnt erinnere ich mich an etliche Mandant*innen, deren Partner aggressiv wurden, wenn sie mehr Zeit für sich einforderten, den Partner um Hilfe bei der Betreuung baten und um etwas mehr Gleichberechtigung bei der Aufteilung der Care-Arbeit zu Hause. Dieses Aussprechen von Bedürfnissen empfanden die Partner als einen Angriff gegen sich selbst. In ihrer eigenen Wahrnehmung hatten sie ihren Teil des Deals durch Arbeiten, Geld verdienen und das «Durchfüttern» der Partnerin erfüllt.

Im Deutschen gibt es das interessante Wort «Familienversorger», womit die Person gemeint ist, die den Lebensunterhalt für die Familie verdient. Mit der «Versorgung» ist hier allein die ökonomische Versorgung gemeint. Warum gibt es kein Wort für die Person, die die emotionale und physische Versorgung der Familie erbringt? Im Ausdruck «Familienversorger» manifestiert sich sehr eindrücklich, wie wenig Wert die emotionale Sorgearbeit in unserer Gesellschaft hat. Sie spielt keine Rolle, allein der finanzielle Aspekt ist von Relevanz.

Eine meiner Mandant*innen musste täglich etliche Male staubsaugen, weil sie Angst hatte, ihr Mann könnte einen Krümel auf dem Boden finden und sie «bestrafen». Je mehr Stress er bei der Arbeit hatte (und er hatte viel Stress bei seinem hoch dotierten Managerposten), desto mehr ließ er seine Wut, seine innere Anspannung und Unzufriedenheit an ihr aus. Wenn sie nicht gut gewischt hatte, riss er sie an den Haaren. Wenn die Kinder zu lange wach waren oder das Baby schrie, beschimpfte er sie und schloss sie im Schlafzimmer ein, um seine Ruhe zu haben. Als sie einmal das falsche Essen zubereitet hatte, brach er ihr das Nasenbein. Und immer wieder sagte er ihr: «Du bist ein Nichts, nicht einmal DAS schaffst du.»

So weit können Hass und Anspruchshaltung gehen, die aus der Vorstellung herrühren, Frauen würden anderen emotionale und mentale Care-Arbeit, Zuwendung und Aufmerksamkeit *schulden*. Als ich die Mandantin Jahre später zu ihrem Scheidungstermin begleitete, lebte sie bereits längere Zeit allein. Ich fragte sie, wie es ihr seit der räumlichen Trennung in ihrer eigenen Wohnung gehe. Sie schaute mich an und sagte, sie habe noch nie eine solche Freiheit gespürt und sie werde diese Freiheit auch nie wieder für das Zusammenleben mit einem Mann aufgeben: Sie selbst entscheide jetzt, wann und wie oft sie staubsauge. Das leise stolze Lächeln, während sie das erzählte, werde ich nicht mehr vergessen.

2. «Ohne mich wirst du abgeschoben»: Aufenthaltsstatus als Druckmittel

Ich erinnere mich an einen Fall, in dem ein wohlhabender deutscher Mann mit Villa am Stadtrand eine deutlich jüngere Frau in Thailand, später meine Mandantin, heiratete und nach Deutschland holte. In der Ehezeit war sie für die Pflege seiner Eltern zuständig, ebenso für das Kochen und Putzen, und sie sollte sexuell verfügbar sein. Sie trennte sich von ihm nach einer vergleichsweisen kurzen Ehezeit von drei Jahren, nachdem sie einen gesicherten Aufenthalt in Deutschland erlangt hatte.

Bevor ich weitererzähle, frage ich mich, was Sie jetzt denken, wenn Sie nur die genannten Informationen haben. Ich denke nicht, dass ich mich zu weit aus dem Fenster lehne, wenn ich behaupte, dass wohl den meisten in dieser Gesellschaft in den Kopf schießt, dass sie ihn sicher getäuscht haben muss, «nicht wirklich» geliebt hat, ihn nur ausnutzen wollte, um an eine Aufenthaltserlaubnis zu kommen. Das ist ein sehr typisches misogynes und rassistisches Narrativ. Der Schwerpunkt liegt dabei auf *ihrem* Verhalten. Wenn *er* ihren Körper benutzt und ausbeutet, für Reproduktionsarbeit und Care-Arbeit, denken wir nicht daran, dass er sie «nicht wirklich» liebt. Ist es nicht «interessant», dass wir das Ausbeuten bestimmter Körper als Liebe verbuchen oder zumindest die Liebe in dieser Beziehung nicht infrage stellen, aber Menschen, die auch aufgrund von Papieren und dem Wunsch nach einem besseren Leben heiraten, unterstellen, nicht «wirklich» zu lieben und andere über ihre Gefühle zu täuschen? Und selbst wenn sie Letzteres täten, können wir Menschen ernsthaft vorwerfen, nach einem menschenwürdigen Leben zu streben, das sie in ihren Heimatländern nicht haben können?

Ich hatte auch andere Mandant*innen, deren deutsche Männer sie vor allem dafür geheiratet hatten, dass sie kostenlos Care-Arbeit leisteten. Sie hatten die Männer im Internet kennengelernt oder bei deren Urlaub im eigenen Heimatland. Alle Mandant*innen erzählten mir, dass sie anfangs sehr froh über diese Chance waren. Ihnen war oft nicht klar, was von ihnen in Deutschland erwartet wurde. Sie kannten den Mann, den sie heirateten, zwar kaum und liebten ihn selten, aber sie stellten sich vor, ein besseres Leben zu bekommen als jenes, das sie vorher in ihrem Heimatland gelebt hatten. Einige sagten mir in den Beratungsgesprächen, dass sie niemals nach Deutschland gekommen wären, wenn sie gewusst hätten, was ihnen hier droht. Ihr Leben wurde zur Hölle. Bei manchen sofort nach der Ankunft, bei manchen war der Prozess schleichend. Es gab Mandant*innen, die gezwungen wurden, prekäre Beschäftigungen aufzunehmen und parallel Familienangehörige des Partners zu pflegen. Mandant*innen, die ihren Partnern immerzu sexuell gefügig sein sollten, Mandant*innen, die zur Prostitution gezwungen wurden, denen die Pässe weggenommen wurden, die kein Deutsch lernen durften, die eingesperrt wurden, die kein eigenes Konto führen durften, die komplett unter der Kontrolle des Partners standen. Dazu kamen oftmals systematische körperliche, psychische und sexualisierte Gewalt. Und immer wieder die Drohung: «Ohne mich landest du auf der Straße», oder: «Ohne mich wirst du abgeschoben und musst das Land verlassen.» Der Partner ist in diesen Fällen von vorneherein in einer Position der Stärke aufgrund größerer finanzieller Ressourcen und aufgrund von Sprach- und Landeskenntnis; durch das geltende Recht, den unsicheren Aufenthaltsstatus, wird daraus eine Machtposition. Männer können diese Gewalt ausüben, weil das jetzige System ihnen die Macht dazu *verleiht*.

Nach dem deutschen Aufenthaltsgesetz haben Migrant*-

innen Anspruch auf eine Aufenthaltserlaubnis, wenn sie drei Jahre mit ihrem deutschen Ehemann zusammengelebt haben. Wenn sie sich vorher trennen, verlieren sie diesen Anspruch, außer sie können «Härtegründe» geltend machen. Häusliche Gewalt ist zwar grundsätzlich ein Härtegrund, problematisch ist aber, wie so oft, die Nachweisbarkeit. Die Ausländerbehörde hat bei der Entscheidung einen Ermessensspielraum. Das bedeutet, dass ich den Frauen in den Beratungsgesprächen nicht mit Sicherheit sagen kann, ob sie nach der Trennung in Deutschland bleiben können oder nicht. Die Angst vor einer Abschiebung führt nicht selten dazu, dass sie bei ihren gewalttätigen Partnern bleiben und sich einer potenziell lebensgefährlichen Beziehung aussetzen. Wenn sie also nach einem Ehejahr heimlich zu mir in die Beratung kommen, weil Bekannte, Nachbar*innen oder Beratungsstellen ihnen empfohlen haben, sich anwaltlichen Rat zu holen, dann muss ich ihnen sagen, dass wir zwar alles versuchen werden, um ihren Aufenthalt in Deutschland zu sichern, ich ihnen aber keine Garantie geben kann. In den meisten Fällen verabschiede ich mich und weiß, dass die Frauen in die Beziehungshölle zurückkehren, und ich kann nur hoffen, dass sie die Zeit bis zum Ablauf der Dreijahresfrist überleben werden.

Wenn die Frauen Härtefallgründe vorlegen, um einen eigenständigen Aufenthalt zu bekommen, sind die Hürden hoch. Beweise wie ärztliche Atteste, Strafanzeigen, Zeugen gibt es selten, weil die Frauen sich nicht getraut haben, Hilfe zu suchen. Weil sie die Hilfemöglichkeiten nicht kennen, weil sie isoliert wurden und die deutsche Sprache nicht lernen durften.

Diese aufenthaltsrechtliche Regelung ist mit der Istanbul-Konvention[10] nicht zu vereinbaren und muss dringend geändert werden. So fordert es beispielsweise auch der Deutsche Juristinnenbund.[11] Die derzeitigen Aufenthaltsgesetze führen im Ergebnis dazu, dass migrantische Frauen deutlich schlechter vor Gewalt geschützt werden können. Das ist eine unerträgliche, rassistische Ungleichbehandlung vonseiten des Staates, die tödliche Folgen hat. Die gewalttätigen Partner wissen in der Regel, dass ihre Frauen aufgrund der aufenthaltsrechtlichen Regelungen vollständig von ihnen abhängig sind, und einige von ihnen nutzen diese Abhängigkeit gezielt aus. Doch das ist kein individuelles Problem, das Problem sind nicht nur die einzelnen Gewalttäter, die ihre Macht missbrauchen und kriminell werden: Es ist ein deutsches Gesetz, das ihnen diese Macht gibt.

3. Unüberwindbare Hindernisse: Schwangerschaftsabbrüche

Es gibt für Frauen viele Gründe, sich gegen eine Schwangerschaft zu entscheiden. In gewaltvollen Partnerschaften spielen häufig die sich dadurch verfestigende Abhängigkeit und auch die Sorge um das ungeborene Kind eine Rolle. Ich erinnere mich an ein Beratungsgespräch, bei dem mir die Mandantin erzählte, dass sie das gerade im Nebenzimmer spielende Kind nicht freiwillig ausgetragen hätte. Sie lebte vor der Schwangerschaft mit dem Vater des Kindes in einer unglücklichen, gewaltvollen Partnerschaft. Er hatte sie bereits seit Langem kontrolliert. Sie durfte nichts mehr allein unternehmen, sich nicht mit Freund*innen treffen, sogar von ihrer Familie isolierte er sie. Dieser Prozess begann, wie so häufig bei psychischer Gewalt, schleichend, zunächst bemerkte sie es nicht. Sie war noch in der Ausbildung, als sie ungewollt schwanger wurde. Als der Partner davon erfuhr, rastete er aus und gab ihr die Schuld für die Schwangerschaft. Sie hatte ihm bereits einige Monate vorher gesagt, dass sie die Pille nicht vertrug, und ihn darum gebeten, mit einem Kondom zu verhüten. Er hielt sich nicht an die Abmachung, und sie traute sich nicht, ihm zu widersprechen, aus Angst vor Gewalt. Er sagte ihr, dass er das Kind auf keinen Fall wolle, aber zugleich verbot er ihr, sich über Schwangerschaftsabbrüche zu informieren, eine Beratungsstelle aufzusuchen und Schritte für eine Abtreibung in die Wege zu leiten. Sie konnte sich nicht rechtzeitig um die Beratung und den Abbruch kümmern, weil er sie gewaltvoll davon abhielt und weil sie niemanden mehr hatte, der ihr helfen und sie unterstützen konnte. Gleichzeitig wurde die Gewalt während der Schwangerschaft immer massiver.

Der Zugang zu Schwangerschaftsabbrüchen wird in Deutschland stark erschwert, was im Fall einer Gewaltbeziehung dazu führt, dass es für Schwangere fast unmöglich ist, «heimlich» einen Abbruch durchführen zu lassen. Zugleich sind Schwangerschaften ein Risikofaktor, wenn es um häusliche Gewalt geht. Schwangere haben nach Zahlen des Robert Koch-Instituts ein erhöhtes Risiko, Opfer von Partnerschaftsgewalt zu werden. 23 Prozent der gewaltbetroffenen Frauen erleben *erstmals* Partnerschaftsgewalt im Kontext von Schwangerschaft und/oder Geburt, so beschreibt es das Gesundheitsmonitoring des Robert Koch-Instituts.[12]

Ich denke an das Gespräch mit einer Mandantin, die regelmäßig von ihrem Partner vergewaltigt und schließlich schwanger wurde. Sie war ihm vollkommen ausgeliefert und traumatisiert, und auch aufgrund der schlechten Versorgungslage in einer ländlichen Region fand sie keine erreichbare Klinik, die rechtzeitig einen Abbruch hätte durchführen können. Auch bei ihr war es so, dass der Partner das Kind nicht wollte. Ebenso wenig wollte er, dass sie ihr Studium beendete und unabhängig von ihm wurde. Das Geld für den Abbruch konnte sie nicht heimlich vom gemeinsamen Konto abheben, und sie hatte kaum noch ein soziales Netz. Auch das Aufsuchen von Ärzt*innen, die einen Abbruch durchführten, gestaltete sich als enorm schwierig. Ihr Partner betrieb zusätzlich zu diesen erschwerten Bedingungen auch noch so lange Psychoterror, bis sie keine Kraft und keine Zeit mehr hatte, sich rechtzeitig um einen Abbruch zu kümmern.

Da sie ohne Kind zu einer Scheidungsberatung bei mir erschien, fragte ich sie, ob ihr Kind gerade in einer Kita sei. Sie antwortete, dass ihr Expartner sie im Verlauf der Schwangerschaft so massiv körperlich und seelisch misshandelt habe, dass ihr Kind noch vor der Geburt im Mutterleib gestorben sei.

Wir sehen an den Entwicklungen in den USA sehr deutlich, wie schnell Rechte, die jahrzehntelang erkämpft wurden, wieder zurückgenommen werden können: Im letzten Jahr sind die Abtreibungsrechte in einigen Bundesstaaten massiv eingeschränkt worden.[13] Am heftigsten trifft es Arme, Schwarze und andere People of Color, die sich legale Schwangerschaftsabbrüche in anderen Bundesstaaten nicht leisten können. Wir wissen, dass das Verbot des Abbruchs selten Abbrüche verhindert, vielmehr nehmen Frauen dann illegale Abbrüche vor, was viel gefährlicher ist. Laut WHO werden von 73 Millionen Abtreibungen jährlich 45 Prozent unter unsicheren Bedingungen ausgeführt. Gründe dafür sind der fehlende Zugang zu sicheren Abtreibungsmethoden, der unter anderem auf die Illegalisierung zurückgeht, fehlende soziale Gesundheitswesen, die die Kosten der Eingriffe tragen würden, sowie gesellschaftliche Stigmata. Bis zu 13 Prozent der Todesfälle bei schwangeren Frauen sind Folge unsicher ausgeführter Abtreibungen – das sind 47 000 Tode jährlich.[14] Die Aufhebung von Roe vs. Wade hat eine fatale Signalwirkung für alle marginalisierten Personengruppen. Roe vs. Wade war eine Grundsatzentscheidung des Obersten Gerichtshofs der USA im Jahr 1973, nach der Frauen das verfassungsmäßige Recht hatten, über einen Abbruch oder die Fortsetzung der Schwangerschaft zu entscheiden. Seit ihrer Aufhebung befürchten Menschen in der LGBTQI-Community berechtigterweise, dass der Backlash auch die Rechte, die sie erkämpft haben, gefährden könnte.

Genau genommen hat der Supreme Court nicht den Schwangerschaftsabbruch verboten, sondern nur seine bisherige Auffassung revidiert, dass Schwangerschaftsabbrüche ein verfassungsrechtliches Recht der Frau sind. Bis dahin ging das höchste Gericht davon aus, dass die US-Verfassung Frauen einen minimalen Zugang zu Abbrüchen ermöglichen müsste, der auch durch die Bundesstaaten nicht verwehrt werden konnte. Seit seiner Entscheidung geht der Supreme Court davon aus, dass die Bundesstaaten frei über die Regelungen des Abbruchs entscheiden können, ohne einen Minimalschutz gewährleisten zu müssen. Wenig überraschend haben viele republikanische Staaten die Chance ergriffen, den Zugang zu Reproduktionseingriffen zu erschweren, zu verbieten und zu kriminalisieren.

Die Situation hat sich für Schwangere in einigen Bundesstaaten der USA seitdem dramatisch verschlechtert. Ein zehnjähriges Kind wurde nach einer Vergewaltigung nicht behandelt und musste für den Schwangerschaftsabbruch in einen anderen Bundesstaat fahren.[15] Man möchte sich nicht vorstellen, was das für Familien bedeutet, die sich die Reise- und Abtreibungskosten für ihre minderjährigen Kinder nicht leisten können.

Was wir aber nicht vergessen sollten: Die Rechtsprechung in Deutschland übertrifft in seiner Schärfe sogar noch die der USA. Nicht der Supreme Court ist der Extremfall, das Bundesverfassungsgericht ist es. Das Bundesverfassungsgericht leitet aus der Verfassung unmittelbar die Pflicht des Staates ab, Schwangerschaftsabbrüche als strafbares Unrecht zu behandeln. In seiner Entscheidung von 1975 heißt es dazu: «Der Lebensschutz der Leibesfrucht genießt grundsätzlich für die gesamte Dauer der Schwangerschaft Vorrang vor dem Selbstbestimmungsrecht der Schwangeren und darf nicht für eine bestimmte Frist in Frage gestellt werden.»

Demgegenüber hat etwa der UN-Frauenrechtsausschuss die Kriminalisierung von Schwangerschaftsabbrüchen als geschlechtsspezifische Gewalt eingestuft.[16] 2017 befand der Ausschuss, dass weder die verpflichtende Beratung noch die vorgeschriebene dreitägige Bedenkzeit zwischen Beratung und Eingriff dem Recht auf Zugang zu sicheren und diskriminierungsfreien Schwangerschaftsabbrüchen entsprächen. Was ich damit sagen will: Ohne Zweifel ist der tatsächliche Zugang zu Schwangerschaftsabbrüchen in Deutschland deutlich liberaler als in Minnesota oder in Arizona, aber das verdanken wir nicht der höchstrichterlichen Rechtsprechung des Bundesverfassungsgerichts. Wir haben mit dem § 218 StGB in Deutschland noch immer ein Gesetz, das es ermöglicht, Personen gegen ihren Willen zum Austragen einer Schwangerschaft zu zwingen.

Bei der Regelung des Zugangs zu Schwangerschaftsabbrüchen geht es um Macht, Kontrolle und Selbstbestimmung. Im Großen, wenn der Staat den Zugang erschwert, und im Kleinen, wenn gewalttätige Partner die strukturellen Hindernisse ausnutzen, um Macht und Kontrolle in der Partnerschaft zu stabilisieren. Wenn Menschen auf andere Länder zeigen, in denen Abtreibungen «wirklich verboten» seien, während ungewollt Schwangere in Deutschland «einfach nur» die Beratung machen, sich das Geld irgendwo leihen und für den Eingriff vielleicht noch in eine andere Stadt fahren müssten, kann ich nur noch müde lächeln. Nichts ist einfach, wenn es strukturelle Hindernisse in Kombination mit einem partnerschaftlichen Machtgefälle gibt. Macht sticht immer Vernunft. Schwangeren den Zugang zu Abtreibungen zu erschweren hat schwerwiegende Folgen: Menschen, die permanent Angst davor haben müssen, ungewollt schwanger zu werden, gehen wesentlich unfreier durchs Leben.

In Berlin ist im Jahr 2022 die Zahl der Schwangerschaftsabbrüche um 22 Prozent gestiegen. In einem Interview mit dem rbb antwortet die Leiterin des Pro-Familia-Beratungszentrums Sibylle Schreiber auf die Frage nach den Gründen für Schwangerschaftsabbrüche, dass sehr viele Frauen in den Beratungsgesprächen finanzielle Nöte angeben. Und sie sagt: «Man muss sich nur mal anschauen, wie viele Frauen gerade in Berlin alleinerziehend sind und was das bedeutet. Es heißt nämlich, arm zu sein.»[17] Entscheidungsträger*innen behaupten zwar gern, dass es um den «Schutz des ungeborenen Lebens» gehe, aber sie ignorieren offenbar, dass in Deutschland mittlerweile mehr als jedes fünfte Kind von Armut bedroht ist[18]. Der «Lebensschutz» reicht bis zur Geburt, danach werden die Schwangere und das Kind vom Staat alleingelassen.

§ 218 StGB ist nicht in Stein gemeißelt. Er ist gewaltvoll und in Verbindung mit der desaströsen Versorgungslage für Schwangere fatal. Er ist von Menschen geschaffen worden und kann von Menschen geändert werden. Auch die Regelung des Zugangs zu Verhütungsmitteln kann zu einem Machtinstrument werden, wenn es in der Partnerschaft finanzielle Gewalt gibt. Ich erinnere mich an Gespräche mit Mandant*innen, die keinen Zugang zum gemeinsamen Konto hatten und sich dadurch die Pille nicht kaufen konnten. Sie wurden schwanger, und sie konnten nicht abtreiben, weil sie die Kosten für die Abtreibung nicht aufbringen konnten oder aus anderen oben beschriebenen Gründen daran gehindert wurden.

Besonders ungerecht wird es, wenn eine selbstbestimmte Familienplanung an finanziellen Mitteln scheitert. Wenn Frauen von staatlichen Leistungen wie Hartz IV leben, haben sie nur in bestimmten Fällen und nur in einzelnen Städten in Deutschland die Möglichkeit, einen Antrag auf einen finanziellen Zuschuss zu stellen, sonst müssen sie Verhütungsmittel grundsätzlich aus dem Regelsatz der Sozialleistungen bezahlen. Das bedeutet, dass Menschen, die in Zeiten von stark steigenden Preisen für Energie und Miete am Ende des Monats nicht einmal mehr genug Geld für Lebensmittel haben und sich bei der Tafel anstellen, auch noch die Antibabypille selbst finanzieren müssen. Dass diese Art der Verhütung nicht in allen Familien Priorität hat, ist nicht verwunderlich. Hinzu kommt, dass sich die Milieus, die über diese Themen debattieren und die Entscheidungen treffen, oft nicht in die Lebensrealität der Betroffenen hineinversetzen können. Es ist für viele kaum vorstellbar, dass es schwierig sein kann, Geld für Verhütung aufzubringen oder bürokratische Hürden zu überwinden, um dieses zu erhalten, wenn es sich beispielsweise um Menschen handelt, die der deutschen Sprache nicht mächtig sind oder durch Behinderungen stärker eingeschränkt werden. Die Kosten für Verhütungsmittel sowie Schwangerschaftsabbrüche müssten vom Staat übernommen werden, das wäre eine gerechte Gesundheitsversorgung, die Selbstbestimmung ermöglicht. Menschen müssen unabhängig von ihren finanziellen Möglichkeiten entscheiden können, ob sie eine Familie gründen oder nicht.

Solange es keine echte Gleichberechtigung und Gleichstellung gibt, wird es Gewalt gegen Frauen geben. Und dabei denke ich nicht nur an strukturelle Benachteiligungen von Frauen, die zu faktischer Abhängigkeit führen – also den Gender Pay Gap, den Gender Care Gap, die Diskriminierung von Frauen auf dem Arbeitsmarkt, das Ehegattensplitting, das Armutsrisiko bei Alleinerziehenden –, sondern auch an die Folgen, die diese strukturellen Benachteiligungen für das gesellschaftliche Klima haben, in dem Geschlechterrollen zementiert werden, die dazu führen, dass Männer denken, sie hätten ein Recht, Gewalt auszuüben.

Diese Fälle, diese Gesamtlage präsentiert sich mir Tag für Tag bei meiner Arbeit als Anwältin. Ich erfahre, womit so viele Frauen zu kämpfen haben, in welch bedrohlicher Lage sie stecken. Wie viel Mut sie schon aufgebracht haben, zu mir in die Beratung zu kommen. Es sind teils unerträgliche Fälle, die mir nahegehen. Es ist schwer, dem Schrecken ins Gesicht zu schauen und zu hören, was Menschen anderen Menschen antun können, was Männer Frauen antun können. Und gleichzeitig ist jeder Befreiungsschlag einer Mandantin ein kraftvoller, Hoffnung spendender Akt. Es gibt wenig, das so radikal und mutig ist wie eine Frau, die in einer gewaltvollen Beziehung Nein sagt, aufsteht und geht. Es ist ein großes Glück, meine Mandant*innen bei ihrem Befreiungsprozess ein Stück begleiten und Zeugin ihrer Emanzipation sein zu dürfen. Aber neben der Hoffnung, die nie schwinden darf, hat mich über die Jahre noch etwas anderes geprägt: Wut. Wut darüber, dass die Fälle, die mir oft so klar erschienen, von den staatlichen Institutionen, mit denen meine Mandant*innen oder ich mich dann auseinandersetzen mussten, häufig ganz anders behandelt wurden, als ich es erwartet hätte. Die Polizei, das Jugendamt, das Familiengericht: All die Stellen, die nun, wo die Betroffenen schon Hilfe suchten, hätten helfen können, nahmen die Betroffenen und ihr Leid nicht ernst, wurden Teil des Problems, setzten die Gewalt institutionell fort.

IV. Die staatlichen Institutionen

Meine Mandant*innen kommen zu Terminen ins Büro, oder wir telefonieren, wenn ihr Wohnort zu weit weg ist. Mich erreichen täglich Anrufe oder E-Mails von Gewaltbetroffenen, die um Unterstützung und Hilfe bitten. Ich kann nicht alle Betroffenen annehmen und muss einige schweren Herzens an andere Anwältinnen weiterleiten, bei denen ich auch nie mit Sicherheit weiß, ob sie noch Mandate annehmen können. Die Frauen kommen teilweise auch aus anderen Bundesländern, es gibt Anfragen aus ganz Deutschland. Sie kommen aus allen sozialen Schichten und Milieus, die Altersspanne reicht von Minderjährigen bis zu über Achtzigjährigen.

Wenn sich die Frauen melden, ist der Leidensdruck häufig sehr groß. Einige werden von Frauenberatungsstellen oder Frauenhäusern geschickt, dann ist die Trennung schon vollzogen, und es geht oft um Nachtrennungsgewalt, die in vielen Fällen noch schlimmer ist als die Gewalt während der Partnerschaft. Es geht dann beispielsweise um Nachstellung oder Telefonterror, permanente Kontaktaufnahme und Kontrolle über soziale Medien. Es geht um das Instrumentalisieren von Kindern durch belastende Umgangsbesuche der Kinder beim Vater, von denen sie verstört zu ihren Müttern zurückkehren. Oder es geht darum, dass der Expartner Entscheidungen, die die Eltern aufgrund des gemeinsamen Sorgerechts auch gemeinsam treffen müssen, blockiert und die Mütter dadurch handlungsunfähig werden und ihre Kinder nicht rechtzeitig an Schulen anmelden können oder dringend notwendige Therapieplätze für die Kinder verlieren.

Andere Frauen, die Unterstützung suchen, befinden sich

noch in einer gewaltvollen Partnerschaft und wollen sich über ihre Rechte im Fall einer Trennung informieren. Sie möchten wissen, was dann mit den gemeinsamen Kindern passiert oder wer in der Wohnung verbleiben kann. Viele fragen mich, wie sie sich schützen können, falls der Partner die Trennung nicht akzeptiert und sie auch danach weiter bedroht. Manchen drohen zusätzlich der Verlust der Aufenthaltserlaubnis und die Abschiebung in für sie gefährliche Herkunftsländer. Das sind sehr heikle Konstellationen, in denen die Beratung besonders sensibel sein muss. In diesen Fällen ist es wichtig, den Raum für eine autonome und selbstbestimmte Entscheidung für oder gegen die Trennung zu geben, auch wenn für mich persönlich die Entscheidungen der Betroffenen manchmal nur schwer auszuhalten sind.

Erlebt eine Frau die oben geschilderten Formen von Gewalt, hat sie in Deutschland theoretisch verschiedene Möglichkeiten, sich Hilfe zu suchen. Sie kann zur Polizei gehen, sie kann sich beim Jugendamt melden. Sie kann sich anwaltliche Unterstützung suchen, um Näherungs- und Kontaktverbote zu erwirken, oder andere familiengerichtliche Verfahren führen. Sie kann in ein Frauenhaus ziehen, der Partner kann mithilfe der Polizei aus der Wohnung verwiesen werden. In der Realität jedoch sind viele dieser Optionen nicht leicht umzusetzen, zum Teil bergen sie für Frauen sogar die Gefahr, dass sich ihre Situation nicht verbessert, sondern eher noch verschlimmert.

1. Täter werden zu Opfern: Polizei und Strafverfolgung

Die Polizei hat in Deutschland das Gewaltmonopol. Sie darf Gewalt einsetzen, wenn polizeiliche Maßnahmen auf andere Weise nicht durchgesetzt werden können, wenn es also kein milderes Mittel gibt. Sie ist dazu berufen, diese ihr anvertraute Macht zum Wohle und zum Schutze aller einzusetzen. Daher sollte man annehmen, dass sie eine der ersten Anlaufstellen für Gewaltbetroffene ist. Die Institution Polizei spielt bei Gewalt gegen Frauen aber eine höchst widersprüchliche Rolle. Sie wird von den Frauen häufig nicht als «Freund und Helfer» erlebt, sondern als zusätzliche Bedrohung. Viele gewaltbetroffene Frauen fürchten die Rache ihres Partners und eine Eskalation, wenn sie aus der Gewaltsituation heraus die Polizei rufen und diese sie dann nicht angemessen schützt, wie es meiner Erfahrung nach sehr oft vorkommt.

Anstatt den gewalttätigen Partner aus der Wohnung zu weisen, ist häufig der erste Rat, den die Polizei gibt, wenn sie wegen häuslicher Gewalt gerufen wird, die Betroffene könne doch in ein Frauenhaus ziehen. Während der Lockdowns in der Corona-Pandemie berichteten mir Mandant*innen häufig, dass die Polizei ihnen erklärte, den gewalttätigen Partner nicht aus der Wohnung weisen zu können, weil er keine Unterkunft finden werde und auch nicht bei Freunden oder Bekannten unterkommen dürfe. Zugleich waren die Frauenhäuser teilweise so überfüllt, dass die Polizei die Betroffenen nicht dorthin mitnehmen konnte. Sie waren also gezwungen, weiter mit ihren gewalttätigen Partnern in einem Haushalt zu bleiben. Das ist fatal, denn der Verlauf des Polizeieinsatzes ist entscheidend für die Betroffenen: Wenn die Polizei im Moment des Gewaltakts nicht eingreift, obwohl sogar eine Trennungsabsicht vorliegt, und ohne Maßnahmen wieder wegfährt, schafft genau diese Untätigkeit der Polizei das Risiko der Rache. Das ist eine der größten Ängste, die die Betroffenen davon abhält, die Polizei zu rufen. Tatsächlich finden die meisten Tötungen nach einer Trennung statt, nicht immer unmittelbar danach, aber immer im Zusammenhang mit einer Trennung.[1]

Ich erinnere mich an einen Fall, in dem die Gewaltbetroffene die Polizei rief. Ihr Partner öffnete die Tür und teilte den Beamten mit, dass seine Frau psychisch labil und «unzurechnungsfähig» sei. Man dürfe ihr nicht alles glauben, und «Eheprobleme» hätten doch alle. Die Mandantin, die keine offensichtlichen Verletzungen vorweisen konnte, weil sie sich dieses Mal rechtzeitig aus den Fängen ihres Partners befreit hatte und auf die Toilette geflüchtet war, um die Polizei zu rufen, konnte sich aus Angst vor ihrem Partner nicht verständlich machen. Sie wurde in seinem Beisein befragt. Sie sah seinen Blick, während sie sprach. Sie wusste, wenn sie jetzt etwas Falsches sagt und die Polizei nicht eingreift und wieder fährt, würde er sich sofort an ihr rächen. Aus Todesangst verstummte sie.

Viel zu häufig höre ich von Mandant*innen, dass sie sich nicht trauen, etwas zu sagen, wenn die Polizei kommt, nachdem sie selbst oder auch die Nachbarn sie gerufen haben. Das Gefühl der Frauen, nicht ernst genommen zu werden, entspricht leider in der Regel der Realität. Mandant*innen berichten mir von den immer gleichen Situationen: *Sie* ruft die Polizei, aber wenn es nicht ganz offenkundige Verletzungen gibt, kommt es vor, dass *er* die Beamt*innen davon überzeugen kann, dass alles nur eine «Überreaktion», «falscher Alarm», «ihrem temperamentvollen Gemüt geschuldet» ist. Damit folgen die Beamt*innen den misogynen Narrativen, die in unserer Gesellschaft bestehen: die Frau, die übertreibt; die Frau, die sich nur rächen will; die hysterische Frau.

Toxische Männlichkeit beziehungsweise patriarchale, unterdrückende Strukturen prägen natürlich nicht nur Beziehungen. Gewaltvolle Anteile von Männlichkeit gibt es auch in staatlichen Institutionen wie Polizei, Jugendamt oder Justiz. Toxische Männlichkeit ist Teil der weißen Dominanzgesellschaft und lässt sich genauso wie Rassismus nicht aus den Institutionen verbannen. So wie wir täglich Rassismus ein- und ausatmen, atmen wir die problematischen Teile der Männlichkeit jeden Tag ein und aus. Diese alles durchdringenden Vorstellungen formen und beeinflussen die gesellschaftlichen Strukturen, in denen wir leben.

Insbesondere die Polizei erweist sich im Alltag oft als patriarchal geprägt. Ein sich wiederholendes Muster bei Einsätzen ist, dass die zu Hilfe gerufenen Polizeibeamt*innen die Notwendigkeit der staatlichen Intervention relativieren, indem sie beispielsweise die Gewaltsituation als privaten Streit abtun oder Verständnis für den Mann aufbringen. In einem Fall schilderte mir eine Mandantin, ein Polizeibeamter habe zu ihrem gewalttätigen Partner gesagt, dass er auch «Eheprobleme» habe und eine Beratungsstelle gut weitergeholfen hätte.

Warum nimmt die Polizei die Gefahr und die Aussagen der Betroffenen noch immer so häufig nicht ernst? Einer der Gründe scheint mir zu sein, dass Gewalt in Partnerschaften für das allgemeine Empfinden keine Rechtsverletzung darstellt. Dazu wird die Sphäre der Ehe und Familie als so privat eingestuft, dass eine Intervention von außen wie eine Grenzüberschreitung erscheint. Als hätte der Partner ein natürliches Recht dazu, Gewalt anzuwenden.

Besonders problematisch sind Fälle von Partnerschaftsgewalt, in denen die gewalttätigen Männer selbst Polizisten sind. Sich zu trennen, ist für die gewaltbetroffenen Frauen dann noch schwieriger. Ich habe Mandant*innen, die mir berichtet haben, dass sie nie die Polizei rufen, weil sie sich sicher sind, dass ihnen nicht geholfen wird. Der Zusammenhalt unter Kolleginnen und Kollegen bei der Polizei scheint ihnen stärker als deren Wille, einer schutzbedürftigen Person zu helfen. Dieses Gefühl wird von aktuellen Zahlen aus Großbritannien bestätigt: Obwohl dort seit 2018 1300 Polizeibeamt*innen wegen häuslicher Gewalt gemeldet oder angezeigt wurden, wurden nur 36 entlassen, 203 sind pensioniert oder haben den Job aus anderen Gründen verlassen – 80 Prozent der gemeldeten Personen sind weiterhin als Polizist*innen tätig. Zu einer Verurteilung kam es nur in 3,4 Prozent der Fälle, damit ist die Rate nur halb so hoch wie in der Allgemeinbevölkerung.[2]

Was diese Fälle besonders gefährlich und dramatisch macht: Polizisten tragen Waffen. In allen Fällen, in denen ich mit Mandantinnen zu tun hatte, deren Partner Polizisten waren, wurden diese mit einer Waffe bedroht. Man kann sich vorstellen, wie gefangen und gelähmt sich diese Frauen gefühlt haben müssen und was für einen Kraftakt es für sie bedeutet haben muss, sich aus diesen Beziehungen zu befreien. Einer der Partner drohte mit Mord, als eine Trennungsabsicht geäußert wurde. Bei einer Institution wie der Polizei stellt sich immer auch die Frage, ob die hierarchischen Strukturen und der Zugang zu Waffen besondere Anziehungskraft auf Männer mit autoritär-chauvinistischen Neigungen ausüben. Ein Kollege berichtete mir von einem Fall, in dem seine Mandantin die Waffe ihres gewalttätigen Partners in einen Kanal warf, aus Angst, dass er sie und die gemeinsamen Kinder töten könnte. Sie stand dann wegen Verstoßes gegen das Waffengesetz vor Gericht, weil sie die Waffe mit sich führte, um sie zu entsorgen. Das Verfahren wurde zwar eingestellt, aber es gab keinen Freispruch, während der gewalttätige Expartner für seine jahrelangen Misshandlungen nie strafrechtliche Konsequenzen erfuhr.

Ein Grundmuster, das gesellschaftlich verankert ist und mit dem Gewaltbetroffene im Umgang mit der Polizei sowie auch anderen staatlichen Institutionen häufig konfrontiert sind, ist die Täter-Opfer-Umkehr. Ich erinnere mich an einen Fall, in dem die gewaltbetroffene Mandantin kurz nach der Trennung von ihrem Expartner gestalkt wurde. Er akzeptierte die Trennung nicht, stellte ihr nach, lauerte ihr auf, schrieb ihr täglich etliche Nachrichten. In manchen klang er traurig und verzweifelt, in anderen drohte er, ihr Gewalt anzutun, wenn sie nicht zu ihm zurückkehre. Als sie zur Polizei ging und um Hilfe bat, weil sie kaum noch schlafen konnte vor Angst, fragten die Polizeibeamt*innen sie nur, ob sie denn sicher sei, dass die Nachrichten nicht nur «Liebesbekundungen» seien und er sie nicht bloß «zurückgewinnen» wolle. Ob sie schon mit ihm gesprochen habe seit der Trennung? Nein? Vielleicht stehe er deswegen ständig vor ihrer Tür, um sich «auszusprechen»? Warum sie sich denn nicht aussprechen wolle? «Er kämpft um sie, Männer sind nun mal so.» Das Beispiel veranschaulicht sehr gut, wie der Täter zum Opfer erklärt wird.

Franziska Schutzbach beschreibt in ihrem Buch «Die Erschöpfung der Frauen», wie sehr von Frauen erwartet wird, in Familie und in Beziehungen für Harmonie, Beziehungsarbeit und emotionale Zuwendung zuständig zu sein. Es geht dabei um ein frauenfeindliches System, das von Frauen alles erwartet, ihnen aber wenig zurückgibt. Soll es wirklich die Aufgabe der jahrelang von ihrem Partner psychisch und/oder physisch gequälten Frau sein, ihren gewalttätigen, grenzüberschreitenden Expartner zu beruhigen, indem *sie* für die von *ihm* gewaltvoll herbeigeführten «Trennungsgespräche» zur Verfügung steht?

Sicher kann eine erste Anlaufstelle wie die Polizei nicht sofort erahnen, in was für einer Partnerschaft die Frau gesteckt hat, die da vor ihnen steht. Aber es müsste Norm sein, dass die Frau sofort ernst genommen wird. Es müsste klar sein, dass keine Frau einfach so zur Polizei geht, weil ihr der Partner oder Expartner gerade ein wenig auf die Nerven geht. Es müsste klar sein, dass sie in dem Moment, in dem sie die Polizei um Hilfe bittet, ein ernst zu nehmendes Problem hat.

Franziska Schutzbach beschreibt das Unbehagen von Frauen, denen die Gesellschaft signalisiert, dass ihre Gefühle nicht stimmen würden und dass sie das Verhalten von Männern erdulden müssten. Ein Beispiel dafür ist das sogenannte Catcalling, also sexuell anzügliches Rufen, Reden oder Pfeifen im öffentlichen Raum. «Die Verharmlosung des Catcallings», so Schutzbach, «bestärkt zudem die Vorstellung, männliche Sexualität wäre scheinbar unkontrollierbar. Oft wird in diesem Zusammenhang gesagt: ‹Männer sind nun mal so.› Wenn die Devise lautet, Männer sind so, wie sie sind, bedeutet dies, dass der Gesellschaft das Wohlbefinden und Empfinden von Frauen und Mädchen egal ist.»[3] All das lässt sich auf viele andere Grenzüberschreitungen übertragen. Bei der Täter-Opfer-Umkehr kommt es immer wieder dazu, dass am Ende von Frauen ein bestimmtes Verhalten verlangt wird: Sie sollen sich anpassen, keine kurzen Kleider tragen, nicht so viel trinken, sie sollen auf den Expartner eingehen, wenn er ihnen nachstellt, aber gleichzeitig sollen sie ihn nicht «provozieren». Das gesellschaftlich internalisierte Bild der «zarten, zerbrechlichen» Frau fordert demütiges Verhalten. Reagiert die Betroffene dagegen wütend und steht für sich ein, riskiert sie, als nicht glaubwürdig wahrgenommen zu werden. Es entsteht der Verdacht, dass einer so starken, widerstandsfähigen Frau so etwas Schreckliches nicht passiert sein kann.

Einer meiner Mandantinnen wurde von der Polizei der Vorwurf gemacht, dass *sie* ihrem Expartner die Tür geöffnet habe, nur so habe *er* dann in das Zimmer stürzen können, um sie beinahe zu Tode zu prügeln. Zum Glück hörte eine Nachbarin die lauten Schreie. In unserer Gesellschaft findet eine ständige Täter-Opfer-Umkehr statt, die von staatlichen Institutionen reproduziert wird. Die Frau unterliegt der permanenten Bewertung, sie soll nun auch das perfekte Opfer sein. Aber wie ist das perfekte Opfer? In ihrem Buch «50 Ways to Leave Your Ehemann» schreibt Jacinta Nandi: «Das perfekte Opfer ist tot.»[4] Erst wenn das Opfer tot ist, unterliegt es nicht mehr der Bewertung und Verurteilung. Erst dann hören Gesellschaft und staatliche Institutionen auf, sich zu fragen, was *sie, das Opfer,* wohl falsch gemacht haben könnte, dass sie Gewalt erfahren hat.

In einem anderen Fall wurde die Gewaltbetroffene, deren Mann jede Nacht in einer Bar gegenüber ihrer Wohnung saß und in ihr Schlafzimmer schauen konnte, von der Polizei gefragt, warum sie nicht in einen weiter entfernten Ort gezogen sei. Irgendwohin, wo es keine Bars, Restaurants, Bäckereien, im besten Fall kein öffentliches Leben gebe, wo sich ihr sie belästigender Partner nicht aufhalten könne. *Sie,* die Betroffene, soll aus dem öffentlichen Leben verschwinden, *sie* soll sich zurückziehen. Warum ist das der erste Impuls? Warum wurde nicht gefordert, dass *er* seinen Radius verkleinert? In dieser Situation hatte der Mann sich den Raum genommen, den er wollte, weil er es *konnte,* was sogar noch bestätigt wurde durch die Reaktion der Polizei. Dabei hätte *sie* geschützt werden müssen. Wenn der Staat es nicht schafft, der männlichen Gewalt Grenzen zu setzen, und hinnimmt, dass gewaltbetroffene Frauen ihr Umfeld verlassen, dass sie sich zurückziehen und verstummen, erreicht der gewalttätige Partner mithilfe einer staatlichen Institution sein Ziel.

Der Täter will Macht ausüben, Körper und Geist des Opfers kontrollieren. Sie wird von ihm objektiviert, er raubt ihr die Stimme. Der Staat setzt die Gewalt fort, wenn er es nicht schafft, mehr zu tun, als sie ins Frauenhaus zu bringen oder ihr zu raten, weit wegzuziehen. Er macht sich so zum Komplizen des Täters, und auch er beraubt sie ihrer Stimme. Sie verschwindet nicht nur aus dem öffentlichen Leben, sie verschwindet auch aus dem öffentlichen Diskurs. Wie viel Kraft und Ressourcen, wie viel Zeit es die gewaltbetroffenen Frauen kostet, sich zu schützen. Wie viel mentale Kapazität es kostet, die Täter-Opfer-Umkehr ihrerseits umzukehren – wenn es überhaupt gelingt.

Täter-Opfer-Umkehr ist eines der größten Probleme bei der Bekämpfung von häuslicher Gewalt, denn es hält die Betroffenen davon ab, sich Hilfe zu suchen, und gleichzeitig werden durch das Victimblaming Frauen alleingelassen, wenn sie es denn wagen, Hilfe aufzusuchen. Die Täter-Opfer-Umkehr durch staatliche Institutionen und Gesellschaft verschiebt die Verantwortung und setzt so die Gewalt fort. Wie sehr sie mitten in unserer Gesellschaft akzeptiert und anerkannt ist, sieht man sehr eindrücklich an den folgenden Zahlen: Die Ergebnisse einer Umfrage vom Mai 2023 belegen, dass 43 Prozent der Befragten die Schuld für häusliche Gewalt nicht ausschließlich beim Täter sehen, 48 Prozent halten häusliche Gewalt für eine Privatsache, und 51 Prozent können sich nicht vorstellen, dass es Betroffene in ihrem Umfeld gibt, während statistisch mindestens jede vierte Frau einmal in ihrem Leben von Partnerschaftsgewalt betroffen ist. Solche Einstellungen und Grundannahmen machen auch vor staatlichen Institutionen nicht halt. Es ist daher abwegig, «Neutralität» und «Objektivität» der Verwaltung und Justiz anzunehmen, es sind *Menschen*, die in diesen Bereichen mit Gewaltbetroffenen arbeiten. Menschen mit internalisierten Stereotypen und Einstellungen.

Teresa Bücker schreibt in ihrem Buch «Alle_Zeit» über marginalisierte Personen: «Die Zeit von Menschen, die sich permanent gegen Angriffe wehren müssen, die damit beschäftigt sind, zu überleben, oder an Orte verbannt sind, an denen man kaum von Leben sprechen kann (...), ist nicht frei, sondern fremdbestimmt durch die Macht, die andere über sie ausüben. Ihre Zeit löst sich nahezu auf.»[5] Was könnten Frauen, die sich selbst vor Gewalt und Stalking schützen müssen, die kämpfen müssen, um zu *überleben*, für ein Leben führen, wenn ihnen nicht so viel Zeit geraubt werden würde?

Und es passiert noch etwas: Es wird geschwiegen, es wird nicht über die Gewalt gesprochen, denn die Expert*innen, die Betroffenen, werden aus der Öffentlichkeit vertrieben, haben keine Ressourcen mehr für Debatten und Engagement. Es wird nicht gesprochen über das Unvorstellbare, also passiert es auch nicht. «Die sprachliche Verdrängung verschiebt die Last der Rechtfertigung», schreibt Carolin Emcke in «Ja heißt ja und ...». «Es kommt sich falsch oder schmutzig vor, wer über etwas sprechen will, über das nicht gesprochen wird. Darin liegt das Komplizenhafte. Um etwas kritisieren zu können, muss man es sich vorstellen können und wollen. Um sich etwas vorstellen zu können, muss man es benennen können. Wenn Gewalt abstrakt bleibt, wenn es für sie keine konkreten Begriffe und Beschreibungen gibt, bleibt sie unvorstellbar, unwahrscheinlich, unantastbar.»[6] Die Narrative der Täter-Opfer-Umkehr sind so eingeübt, dass es für die betroffenen Frauen besonders schwierig ist, ihre Erlebnisse dagegenzustellen, sich nicht selbst davon vereinnahmen zu lassen, und dass sie am Ende tatsächlich glauben, dass sie etwas falsch gemacht hätten. Und die Mandant*innen berichten mir noch etwas: Sie empfinden einen doppelten Schmerz. Den Schmerz, der durch die Taten verursacht wurde, aber insbesondere auch den Schmerz durch die fortgesetzte Gewalt staatlicher Institutionen in Form der Täter-Opfer-Umkehr.

In vielen Teilen der Welt dürfen Frauen nicht ohne Männer, Väter und Ehemänner, über ihr Leben bestimmen, sie dürfen nicht zur Schule gehen, nicht studieren, nicht über eigene Einkünfte verfügen, nicht entscheiden, wen und wann sie heiraten. Sie nehmen nicht am öffentlichen Leben teil, dürfen das Haus nur mit männlichen Angehörigen verlassen. Sie haben keine Stimme. In Deutschland wird gern auf diese Teile der Welt gezeigt, um zu demonstrieren, wie viel besser Frauen es in unserer Gesellschaft haben. Und auch wenn ohne Frage vieles hierzulande besser läuft, gibt es doch einen blinden Fleck, was die Opfer von Gewalt anbelangt. Die Mechanismen sind subtiler und nicht immer absichtsvoll, und doch führen sie dazu, dass gewaltbetroffene Frauen aus der Öffentlichkeit verschwinden und zum Schweigen gebracht werden. Es geht nicht darum, ob eine gewaltbetroffene Frau Zuflucht in einem Frauenhaus findet oder nicht, es geht um das Recht auf Teilhabe am Leben. Und es geht um nichts weniger als das Recht auf Freiheit.

Einige Frauen, die ich bei ihrem Scheidungsverfahren vertreten habe, die also schon ein Jahr oder länger von ihrem Partner getrennt sind, erzählen mir beiläufig davon, dass sie früher von Partnerschaftsgewalt betroffen waren und lange mit einem Expartner zu tun hatten, der ihnen nachgestellt, die Trennung nicht akzeptiert, ihnen das Leben schwer gemacht hat. Sie hätten sich teilweise nicht mehr aus der Wohnung getraut, ihren Radius immer mehr verkleinert. Ich frage sie dann immer, wie schließlich Ruhe eingekehrt ist, wann (und ob) der Expartner damit aufgehört hat. Immer wieder ist die Antwort, dass der Expartner erst dann aufhörte, ihnen das Leben «zur Hölle zu machen», wenn er eine neue Partnerin hatte. Manche lachen und sagen mir, ich solle ihnen die Daumen drücken, dass die neue Beziehung halte, damit die Ruhe bleibe. Gleichzeitig ist da immer eine Betroffenheit, weil ihnen und mir in dem Moment klar ist, dass nun vermutlich die neue Partnerin leidet und ihre Freiheit verliert. Ich denke, das sagt sehr viel über die Lage des Gewaltschutzes in Deutschland aus.

Demonstrierende Klimaaktivist*innen werden in Präventivhaft genommen, und es ist frustrierend zu sehen, dass der Staat sich in manchen Bereichen sehr konsequent zeigen kann. Wenn Mandant*innen nach der Trennung von ihrem Expartner gestalkt und bedroht werden und sich an die Polizei wenden, hören sie fast immer, es müsse «erst etwas passieren», bevor sie aktiv werden könne. Wobei ich hier nicht für schärfere freiheitsentziehende Maßnahmen wie Präventivhaft argumentieren möchte. Mehr polizeiliche Befugnisse und Macht bedeuten immer auch mehr Risiko für Machtmissbrauch und Polizeigewalt. Aber gerade weil wir mit härteren Strafen und der Erweiterung von Polizeibefugnissen nicht weiterkommen, muss der Schwerpunkt auf der Prävention liegen. Einer Prävention, die darauf abzielt, dass es gar nicht erst zur Gewalt, zur Nachstellung und zum Femizid kommt. Dass es gar nicht erst dazu kommt, dass Männer sich ihres Besitzes beraubt fühlen, wenn sich die Partnerin von ihnen trennt.

Wenn es trotz unzähliger Hürden dazu kommt, dass eine Strafanzeige gestellt wird, werden meine Mandant*innen zu Zeugenvernehmungen geladen, und es wird in der Regel entweder Klage erhoben, ein Strafbefehl erlassen – oder das Verfahren wird eingestellt. Gerade bei Partnerschaftsgewalt mache ich häufig die Erfahrung, dass Letzteres passiert. Wenn ich mit Strafrechtskolleg*innen spreche, berichten sie mir, dass nur in den Verfahren, in denen die Betroffenen anwaltlich vertreten werden und die Anwält*innen dranbleiben und hinterher sind, Klagen erhoben werden, denn der Erledigungsdruck in der Justiz sei groß und es gehe auch darum, die Verfahren schnell vom Tisch zu bekommen. Untersuchungen zu häuslicher Gewalt anhand von zwei verschiedenen Amtsanwaltschaften haben gezeigt, dass die überwiegende Anzahl der Verfahren eingestellt wurde. In 95,8 Prozent (347) bzw. 81,7 Prozent (488) der Verfahren haben die Dezernent*innen keine öffentliche Klage gegen die Beschuldigten erhoben.[7]

Ich erinnere mich an einen Fall, der stellvertretend für viele weitere stehen kann. Die Mandantin hatte sich gerade von ihrem Partner getrennt und wurde bei einer Umgangsübergabe der Kinder an den Vater massiv von ihm verletzt. Sie war Tage später bei mir im Büro, und ich konnte Verletzungen, Würgemale und blaue Flecken sehen. Noch von zu Hause, unmittelbar nach dem Angriff, hatte sie die Polizei gerufen. Die Polizei kam, nahm ihre Daten auf, und meine Mandantin stellte direkt Strafanzeige wegen Körperverletzung. Diesmal wollte sie es anders machen, konsequent sein. Nur so könne sich etwas ändern, dachte sie. Sie war sich sicher, dass man ihr glauben würde, nachdem die Polizist*innen sie verletzt und blutüberströmt gesehen hatten. Sie ging zur Zeugenvernehmung, stellte einen Strafantrag. Sie reichte Fotos ein, die sie noch am Tag der Tat von ihren Verletzungen gemacht hatte. Sie war nicht anwaltlich vertreten. Ich hatte ihr zwar mehrere Strafrechtskolleg*innen empfohlen, aber sie konnte sich die Kosten für den anwaltlichen Beistand nicht leisten und war sich sicher, dass diesmal auch genügend Beweise vorlagen. Ein paar Monate später erreichte sie ein Brief von der Staatsanwaltschaft mit der Nachricht, dass das Verfahren eingestellt worden sei. Der Expartner habe die Tat bestritten, es stehe Aussage gegen Aussage. Die Staatsanwaltschaft führte weiter aus, dass «vor dem Hintergrund der strittigen Trennung berücksichtigt werden muss, dass jede Partei versucht, das Tatgeschehen möglichst positiv im eigenen Interesse darzustellen».

Eine Frau zeigt also ihren gewalttätigen Partner an, und das Verfahren wird mit der Begründung eingestellt, dass jede Partei das Tatgeschehen in einem für sie selbst positiven Licht darstellen möchte. Der Staat nennt eine Trennungssituation, in der eine Seite von der anderen Gewalt erfährt, in der es eindeutig ein Machtgefälle gibt aufgrund von realen Abhängigkeiten (wirtschaftlich, psychisch, die Wohnsituation betreffend etc.), «strittig». Als würden zwei gleich starke Kontrahent*innen auf Augenhöhe miteinander streiten. Als gäbe es einen «gegenseitigen» Streit, wenn die eine Seite Gewalt ausübt, während sich die andere Seite lediglich trennen möchte. Mit der Annahme, es handele sich um eine «strittige Trennung», wird die im Machtgefälle liegende strukturelle Ursache von Gewalt verschleiert und eine Machtsymmetrie behauptet, die offensichtlich nicht vorhanden ist. Und dabei geht es nicht darum, dass Männer häufig körperlich überlegen sind, sondern darum, dass sie patriarchal sozialisiert sind. Frauen wehren sich häufig nicht, weil ihnen das gesellschaftlich so beigebracht wurde, und wenn sie es doch tun, werden sie damit bestraft, dass ihnen nicht geglaubt wird, weil sie von dem erwarteten «typisch weiblichen» Verhalten abweichen. Erstatten sie Anzeige, wird mit einem Mal ein Gleichgewicht konstruiert, das nicht gegeben ist.

Was genau kann eine Frau, eine Mutter dann tun, wenn sie sich trennt und die Gewalt des Expartners zur Anzeige bringt? Was hat sie dabei zu gewinnen? Das konnte mir bisher niemand erklären. Ein viel zu großer Teil der Anzeigen wegen Körperverletzung gegen den Ehepartner oder Vater von gemeinsamen Kindern wird nicht weiterverfolgt, weil Partnerschaftsgewalt ja immer innerhalb einer Partnerschaft oder einer Familie mit Kindern stattfindet und dadurch fast immer eine «strittige» Trennungssituation vorliegt. Dramatisch daran ist auch, dass diese Vorgehensweise der Staatsanwaltschaften Anwält*innen dazu zwingt, sich gut zu überlegen, ob sie ihren Mandant*innen zu einer Anzeige raten.

Wenn das Verfahren wegen mangelnden Tatverdachts eingestellt wird, dann sollte der Gewaltvorwurf der Mutter gegen den Vater in späteren familiengerichtlichen Verfahren nicht aufrechterhalten bleiben, da sonst schnell der Verdacht im Raum steht, sie würde lügen, die Behauptungen seien ja schon widerlegt, da das Strafverfahren eingestellt worden sei. Wenn die Betroffenen dennoch an dem Gewaltvorwurf gegen den Expartner festhalten, wird ihnen unterstellt, etwa die Kinder gegen den Vater zu instrumentalisieren, und sie riskieren, dass sie als bindungsintolerant wahrgenommen werden, also absichtlich verhindern, dass die Kinder Kontakt zum Vater haben. Im schlimmsten Fall verlieren die Frauen dann das Sorgerecht oder zumindest das Aufenthaltsbestimmungsrecht, und die Kinder müssen in den Haushalt des gewalttätigen Expartners ziehen.

Teilweise klassifiziert die Rechtsprechung «unberechtigte Missbrauchsvorwürfe» gegen den Expartner, das heißt solche, die nicht durch eine strafrechtliche Verurteilung «bewiesen» wurden, sogar als Härtefallgrund, um der getrennten Frau Ehegattenunterhalt nach der Scheidung zu versagen. So urteilte das Oberlandesgericht Hamm im Jahr 2013: «Langjährig wiederholt erhobene Missbrauchsvorwürfe, die ein jeder für sich objektiv geeignet sind, den Unterhaltspflichtigen in der Öffentlichkeit nachhaltig verächtlich zu machen und sein Leben gravierend zu beeinträchtigen bis hin zur Zerstörung seiner familiären, sozialen und wirtschaftlichen Existenz, können die vollständige Verwirkung des Unterhaltsanspruchs nach § 1579 Nr. 3 BGB nach sich ziehen.»[8]

Wenn ich nach Lösungen im Bereich der Polizei gefragt werde, fällt mir die Antwort schwer. Ich wünsche mir eine Gesellschaft, in der auf gewaltvolle und autoritäre Institutionen wie die Polizei ganz verzichtet werden kann. In der Kriminologie werden entsprechende Ansätze unter dem Stichwort «Abolitionismus» diskutiert und erforscht. Aber unsere Gegenwart sieht anders aus, in den bestehenden Strukturen brauchen wir leider die Polizei. Ich muss den Frauen häufig dazu raten, beim nächsten gewalttätigen Angriff des Partners auf jeden Fall die Polizei zu rufen und sich zu überlegen, Anzeige zu erstatten – trotz aller negativen Erfahrungen.

Dieser Widerspruch ist schwer aufzulösen. Ich bin zu dem unbefriedigenden Ergebnis gekommen, dass wir gegenwärtig Widersprüche und Ambivalenzen aushalten müssen und unsere Kraft dafür aufwenden sollten, eine Welt zu schaffen, in der mehr in Prävention investiert wird; einen Staat, der sich um Menschen kümmert, statt sie zu kontrollieren; bessere Gesundheitsversorgung, bessere Versorgung mit Wohnraum und neue Konfliktschlichtungsangebote.

Wenn abolitionistische Feminist*innen gewaltvolle staatliche Institutionen abschaffen wollen, dann geht es ihnen nicht nur um die Dekonstruktion bestehender Institutionen, sondern auch um die Konstruktion von etwas Neuem. Der Philosoph Daniel Loick sagt dazu in einem Interview im «Philosophie Magazin», der Prozess der Abolition gehe immer auch einher mit dem Aufbau von alternativen Strukturen und Institutionen. Auf die Frage, wie diese Institutionen aussehen könnten, antwortet er: «Das kann man sich anhand einer alten Kritik der deutschen Frauenbewegung vergegenwärtigen. Für die waren die Polizei und die Gewalttäter im Nahumfeld beide Teile desselben patriarchalen Systems. Deshalb ist es zu kurz gedacht, die einen männlichen Gewalttäter als Schutz vor den anderen zu rufen. Die Frauenbewegung hat daraus den Schluss gezogen, dass es selbstorganisierte Strukturen braucht, die ohne Staatsgewalt auf Übergriffe reagieren können. Durch diesen Grundgedanken sind die autonomen Frauenhäuser entstanden. Ziel war es, selbst Orte zu schaffen, in denen für Frauen in ihrer konkreten Lebenslage und für ihre konkreten Probleme eine konkrete Lösung gefunden wird. (...) Und ich glaube, dass man diese Idee ausweiten kann.»[9] Bis wir echte strukturelle Alternativen haben, müssen Polizeibeamt*innen dafür sensibilisiert werden, rechtzeitig und konsequent einzugreifen, die Betroffenen ernst zu nehmen. Dringend notwendig sind dafür verpflichtende, fortlaufende Aus- und Fortbildungen zu häuslicher Gewalt, für alle Polizeibeamt*innen, bundesweit. Die Polizeikräfte müssen lernen, Risiken einzuschätzen und im Umgang mit den Betroffenen erste Schritte zur Stabilisierung einzuleiten. Besonders wichtig erscheint mir die Betreuung der Betroffenen nach der Gewaltsituation, insbesondere über den Austausch mit anderen Behörden wie Jugendämtern, Familiengerichten, Frauenhäusern und Beratungsstellen.

Es müssen einheitliche Strategien entwickelt werden, um Hochrisikofälle zu erkennen und Femizide zu vermeiden. In Deutschland könnte Rheinland-Pfalz als Vorbild dienen, hier ist im Jahr 2018 flächendeckend ein Hochrisikomanagement eingeführt worden. Die Journalist*innen Julia Cruschwitz und Carolin Haentjes haben für ihr Buch «Femizide. Frauenmorde in Deutschland» sämtliche Innenministerien und Landeskriminalämter befragt und ermittelt, dass nur vier Bundesländer systematisch Analysetools anwenden und Fallkonferenzen abhalten. Das Innenministerium Rheinland-Pfalz antwortete auf ihre Anfrage: «Das Herzstück des Hochrisikomanagements bilden die interdisziplinären und institutsübergreifenden Fallkonferenzen in Zusammenarbeit mit den übrigen Kooperationspartnern. An diesen Fallkonferenzen sind in der Regel neben der Polizei die Interventionsstellen, die Täterarbeit, die Staatsanwaltschaft, das Jugendamt sowie das Frauenhaus vertreten.»[10] Immerhin, man erkennt, dass es innerhalb der Institutionen Bemühungen gibt, die Situation zu verbessern.

2. Doppelte Diskriminierung: Rassismus

Besonders komplex und schwierig ist die Situation für geflüchtete oder migrantisch gelesene und queere Menschen. Diskriminierende Strukturen in der Gesellschaft und bei der Polizei führen dazu, dass es Unterschiede in der Reaktion auf Gewalttäter gibt und Betroffene im Extremfall im Stich gelassen werden, weil sie nicht Teil der weißen Mehrheitsgesellschaft sind. Von Frauen, die in Flüchtlingsunterkünften leben, höre ich oft, dass sie keine Unterstützung erhalten, wenn sie um Hilfe bitten. Eine Mandantin berichtete mir, dass sie jedes Mal, wenn sie von ihrem Mann angegriffen wurde, die Polizei gerufen habe. Das habe sie immense Kraft und Mut gekostet, denn Menschen in Uniform seien in ihrem Herkunftsland Eritrea gefürchtet gewesen und sie habe nur traumatische Erfahrungen mit ihnen gemacht. In Deutschland, dachte sie, sei sie sicher. Die Beamten seien auch gekommen, hätten dann aber nur mit den Augen gerollt und seien wieder gegangen. Einmal sagten sie: «Pack schlägt sich, Pack verträgt sich.» Bei ihrem letzten Anruf habe man ihr gesagt, dass sie nicht mehr anrufen solle, sonst werde man sie wegen Missbrauchs des Notrufs anzeigen. Nach dieser Erfahrung hat sich meine Mandantin nicht mehr an die Polizei gewandt. Später hat sie durch Zufall über eine Beratungsstelle von Frauenhäusern erfahren und dort Hilfe erhalten. Niemand hatte ihr bis dahin von der

Existenz dieser Zufluchtsmöglichkeiten erzählt, weder die Flüchtlingsunterkunft noch die Polizei.

Eine andere Mandantin, die sich innerhalb einer Flüchtlingsunterkunft von ihrem Partner getrennt hat und in ein Nebenzimmer gezogen ist (was schon nicht selbstverständlich ist), wurde weiterhin von ihrem Expartner bedroht und verfolgt. Sie traute sich kaum noch aus dem Raum. Schließlich, als sie es nicht mehr aushalten konnte, bat sie das zuständige Sozialamt um Verlegung in eine andere Unterkunft. Die Antwort, die sie von der Behörde bekam, war erschreckend: Man sei sich nicht sicher, ob sie die Gewalt tatsächlich erfahren oder nicht vielmehr erfunden habe, um in eine «bessere Flüchtlingsunterkunft» verlegt werden zu können, das sei jetzt «die neue Masche». Ich fragte die Mandantin, was die Behörde mit «besserer Unterkunft» meinte. Sie sagte, eine ohne Kakerlaken und mit besserer Anbindung an eine Großstadt.

Beide Frauen konnten Monate später mit anwaltlicher Hilfe räumlich von ihren Expartnern getrennt werden. Beides sind aber Fälle, in denen anwaltliche Hilfe nicht hätte nötig sein dürfen.

Gerade Flüchtlingsunterkünfte in ländlichen Regionen sind Orte, an denen der Staat Frauen und Kinder völlig alleinlässt. Betroffene berichten von sexuellen Übergriffen, von Badezimmern, die nicht verriegelt werden können und in die Männer eindringen, die Frauen beim Duschen belästigen. Frauen berichten davon, dass sie ausgelacht werden, wenn sie Security-Leute in den Unterkünften um Hilfe bitten. Sie berichten, dass die Security selbst sexualisierte Gewalt ausübt, aber niemand sich traue, sich zu wehren. Sie berichten, dass ihnen von den Security-Leuten damit gedroht wird, dass es für ihr Asylverfahren von Nachteil sei, wenn sie sich wehren und die Polizei informieren. Sie berichten, dass die Polizei teilweise gar nicht mehr komme. Es sind unerträgliche Geschichten.

Unvorstellbar, wie viele Frauen jeden Tag in diesen Unterkünften Gewalt ausgesetzt sind und wie allein sie damit sind.

Seitdem ich mit gewaltbetroffenen Frauen arbeite, habe ich die Erfahrung gemacht, dass migrantisch gelesenen Frauen seltener geholfen wird, wenn ihr Mann deutsch und weiß ist. Der Mann kann in solchen Fällen seine Frau gegenüber der Polizei leicht als «emotional» oder «unbeherrscht» darstellen und sich selbst als souverän und beherrscht. Damit werden Stereotype von «temperamentvollen» migrantischen Frauen bedient, die offenbar von der Polizei gerne geglaubt werden.

Diese Erfahrung musste im Jahr 2001 wohl auch Mareame Ndeye Sarr machen, doch überlebte sie sie nicht, um davon berichten zu können. Mareame Sarr, eine schwarze Deutsche mit senegalesischen Wurzeln, war in die Wohnung ihres Exmanns in Aschaffenburg eingedrungen, da dieser einige Tage zuvor das gemeinsame zweijährige Kind entführt hatte und bei sich versteckt hielt. Zuvor hatte sie sich selbst vergeblich um die Hilfe der Polizei bemüht. Ihr weißer Exmann rief die Polizei, um sie der Wohnung zu verweisen – dabei erschossen die Beamten Mareame Sarr, die sie in ihren Berichten später als gewalttätig und aggressiv beschrieben. Der genaue Tathergang ist nicht abseits von den Polizeiberichten zu rekonstruieren, doch wird an dieser Beschreibung deutlich, wie sehr das Bild der «angry black woman» Sarr in Gefahr brachte. Sie sah sich ihrem Exmann und zwei bewaffneten Polizeibeamten gegenüber, doch die Polizei sprach von «Nothilfe», und die Staatsanwaltschaft stellte die Ermittlungen ein. Die beteiligten Beamten hatten keinerlei Konsequenzen zu tragen, weder wurden sie suspendiert noch angeklagt. So ist es nie zu einer weiteren Aufklärung des Falls gekommen.[11]

Christina Clemm schreibt in ihrem Buch «AktenEinsicht»: «Bei sogenannter Polizeigewalt kann man von einem faktischen Ausfall der Strafverfolgung ausgehen. Opfer von

Polizeigewalt sind häufig Menschen aus vulnerablen Gruppen, Menschen, die als Migrant*innen wahrgenommen werden. (...) Die Verfahren gegen Polizeibeamt*innen scheitern unter anderem daran, weil Polizist*innen von der Justiz mehr geglaubt wird als anderen Zeug*innen (...): Meist gibt es nur andere Polizeibeamt*innen, die nur äußerst selten gegen ihre Kolleg*innen aussagen.»[12] Gleichzeitig habe ich die Erfahrung gemacht, dass konsequenter durchgegriffen und den Frauen eher geglaubt wurde, wenn die Expartner migrantisch und nicht weiß waren. Das ist nicht verwunderlich und entspricht klassischen Vorurteilen, die greifen, wenn die gewalttätige Person nicht wie der Freund Thomas oder wie der lustige Kollege Marcus aussieht. Auch in den Medien wird anders über einen Femizid berichtet, wenn er durch nicht deutsche Personen verübt wurde. Christine Meltzer kommt in ihrer Untersuchung «Tragische Einzelfälle? Wie Medien über Gewalt gegen Frauen berichten» zu dem Fazit, «dass vor allem Gewaltausübung durch nicht deutsche Täter präsentiert und thematisch eingeordnet wird, während dies seltener oder gar nicht im Kontext von deutschen Tätern geschieht». In der Berichterstattung über Gewalt gegen Frauen im Fall von nicht deutschen Tatverdächtigen würden deutlich häufiger politische Maßnahmen gefordert, und die Gewaltausübung werde öfter strukturell eingeordnet. Dagegen verbleibe die Darstellung von Gewalt mit deutschen Tatverdächtigen häufiger bei einer reinen Einzelfalldarstellung, und es würden meist keine (präventiven) Maßnahmen gefordert.[13]

Auf diese Art und Weise wird ein gesamtgesellschaftliches Problem an den Rand gedrängt: Es hat den Anschein, als komme es nur in einem bestimmten Kulturkreis vor, werde «importiert» und betreffe lediglich Menschen, die aus «wirklich» patriarchalen Verhältnissen stammen.

Der eloquente Lehrer oder der gut situierte Jurist profitieren von diesen rassistischen Stereotypen, ihnen wird Brutalität nicht zugetraut – und doch sind mir genau diese Männer bereits in familiengerichtlichen Prozessen begegnet. Er ist gut gebildet, kann sich gut darstellen, das wird schnell gleichgesetzt mit Vernunft und Sachlichkeit. Für die deutsche Dominanzgesellschaft erfüllt diese konkrete Art von Rassismus eine bestimmte Funktion: Sie ermöglicht es, das Problem der Gewalt gegen Frauen zu externalisieren und zu einem Problem Dritter zu machen. Man macht es zu einem kulturellen Problem, und durch diese Auslagerung müssen sich die deutsche Gesellschaft, der deutsche Staat nicht mit den eigenen patriarchalen Strukturen befassen. Bei deutschen Tätern werden die kulturellen Bedingungen komplett ausgeblendet. Es wird ignoriert, welche patriarchalen Einstellungen und systemischen Faktoren die Tötung von Frauen in dieser Gesellschaft befördern.

Die Kulturalisierung der Gewalt von nicht deutschen oder nicht weißen Tätern ist nicht nur rassistisch, sie führt auch zu einer Verharmlosung des gesamtgesellschaftlichen Problems bei uns in Deutschland. Und diese führt letztendlich dazu, dass zu wenig in Opferschutz und Prävention investiert wird. Wenn die Gewalt nur einen kleinen Teil der Randgesellschaft betrifft, so die Annahme, muss nicht dringend etwas dagegen getan werden – oder allenfalls unter dem Stichwort «Integration». «Integration» in eine Gesellschaft, in der jede Stunde statistisch gesehen 13 Frauen Gewalt erfahren.

Ich wurde in den letzten Jahren fast ausschließlich für Interviews angefragt, wenn es um den Mord an einer Frau ging, die von einem geflüchteten oder nicht deutschen Expartner getötet wurde. Statistisch gesehen kommt die Tötung durch einen deutschen (Ex-)Partner häufiger vor,[14] aber es scheint, als könne die «gewöhnliche» Gewalt die Sensationslust nicht ausreichend stillen.

Je näher der Habitus und das Bild der gewalttätigen Person den Beamt*innen der Polizei, der Behörden, der Justiz, aber auch den Journalist*innen und ihrem Umfeld kommen, desto schwieriger scheint es für diese zu akzeptieren, dass es Gewalt gegen Frauen in allen sozialen Schichten und Milieus gibt. Ich frage mich manchmal, ob bei Polizist*innen, Richter*innen und anderen Beamt*innen nicht auch eine gewisse Angst eine Rolle spielt, sich im eigenen Umfeld genauer umzusehen, sich vielleicht sogar eigenen Traumata und eigenen destruktiven Potenzialen zu stellen. Was ich sicher sagen kann: Familiengerichte erkennen zu häufig nicht, dass gerade die besonders eloquenten und charmant wirkenden Expartner, deren Status und wirtschaftliche Möglichkeiten den Lebensrealitäten der Entscheider*innen nahe sind und das Machtgefälle innerhalb der Beziehung noch vergrößern, oftmals eine sehr perfide Form der psychischen Gewalt beherrschen. Je größer das Machtgefälle in einer Beziehung, desto größer ist die Gefahr von Machtmissbrauch. Aber das spielt kaum eine Rolle in familiengerichtlichen Verfahren, denn es fehlen die Zeit und zu häufig der Wille, die Familienverhältnisse und Beziehungsstrukturen genauer in den Blick zu nehmen.

Ich kann die Verfahren, die in den letzten zehn Jahren zu Umgangsausschlüssen geführt haben – also Verfahren, in denen eine Frau Gewalt durch den Expartner erfahren hatte und die Gerichte deshalb den Umgang des Vaters mit dem Kind oder den Kindern unterbanden –, an einer Hand abzählen. Die Männer, die ihre Kinder nicht mehr sehen durften, waren ausnahmslos nicht weiß. Dass es nur gegenüber nicht weißen Vätern zu Umgangsausschlüssen kam, führe ich darauf zurück, dass die Gerichte und Jugendämter in migrantischen Milieus weniger zögerlich und väterfreundlich agieren. Die Kulturalisierung der Gewalt passt in das rassistische Narrativ.

3. Jede Akte ein Kinderschicksal: Jugendämter

Eine weitere zentrale Institution und ein wichtiger Akteur ist das Jugendamt. Auf der Internetseite der Berliner Verwaltung werden die Aufgaben der Jugendämter in Deutschland unter anderem mit folgenden Sätzen beschrieben: «Das Jugendamt unterstützt Eltern und Erziehungsberechtigte bei der Erziehung, Betreuung und Bildung von Kindern und Jugendlichen. Dabei setzt es auf vorbeugende, familienunterstützende Angebote, die dazu beitragen, positive Lebensbedingungen für Familien zu schaffen.»[15]

Das Jugendamt hat sich das Ziel gesetzt, Eltern dabei zu unterstützen, für ihre Kinder verlässliche Bezugspersonen zu sein. Es will Familien unterstützen, aber auch rechtzeitig eingreifen, wenn es eine Kindeswohlgefährdung befürchtet. Andererseits soll es nicht zu früh eingreifen, weil jeder staatliche Eingriff in eine Familie traumatische Folgen für alle Beteiligten haben kann, vor allem für die Kinder. Der Druck und die Verantwortung sind groß. Gemessen daran, dass die Arbeit der Jugendämter über schwere Misshandlungen, Traumata und das Überleben von Kindern entscheiden kann, ist der Bereich der Kinder- und Jugendhilfe seit Jahrzehnten chronisch unterfinanziert.[16] Die personelle Fluktuation in den deutschen Jugendämtern ist enorm. Überraschend ist das nicht: Unter den gegebenen Bedingungen ist eine gute Arbeit kaum möglich. Auf den Tischen der Sozialarbeiter*innen stapeln sich die Akten. Jede Akte ein Kinderschicksal.

Jugendämter müssen die Kinder im schlimmsten Fall in Obhut nehmen, also aus der Familie herausholen. Auch das Miterleben von Partnerschaftsgewalt ist eine Kindeswohlgefährdung, die aus Sicht des Kinder- und Jugendhilferechts und des Familienrechts zu einer Inobhutnahme führen sollte. Für gewaltbetroffene Mütter führt das oft zu einer zusätzlich belastenden, widersprüchlichen Situation. Einerseits kommt es regelmäßig vor, dass Jugendämter den Frauen damit drohen, die Kinder aus der Familie zu nehmen, wenn sie sich nicht von ihrem gewalttätigen Partner trennen und die Kinder vor dem Miterleben der Partnerschaftsgewalt schützen. Andererseits stehen die Frauen, die sich spätestens dann trennen, weil sie ihre Kinder nicht verlieren wollen, nach der Trennung einem Jugendamt gegenüber, das in Beratungsgesprächen darauf hinarbeitet, dass die Kinder den Vater wieder zu Umgängen treffen können.

Wenn die Frauen nach dem Ende der Partnerschaft sich selbst und ihre Kinder schützen wollen, wird ihnen oft gesagt, dass die Kinder durch die räumliche Trennung der Eltern nicht mehr gefährdet seien. Das Problem daran ist, dass gerade bei Trennungen aus Gewaltbeziehungen eine große Gefahr von massiverer Gewalt und Femiziden besteht. Vielen gewalttätigen Expartnern geht es in dieser Situation um Macht oder um Rache an den Frauen. Sie versuchen dann oft, die verloren gegangene Kontrolle über ihr Besuchsrecht zurückzuerlangen, und lassen nichts ungenutzt, um ihren Expartner*innen zu schaden. Sie wissen, dass sie dafür beim Kostbarsten ansetzen müssen: ihren Kindern.

Ich erinnere mich an etliche Mandant*innen, die ihr Kind nach Umgangswochenenden mit dem Vater übernahmen und vom Kind beschimpft, getreten oder ignoriert wurden. Auf Nachfrage erzählten die Kinder dann häufig zögerlich, dass der Vater die Mutter permanent schlechtgemacht habe. Ich hatte Mandant*innen, die darüber nachdachten, zu ihrem Expartner zurückzukehren, um den Kindern weiteres Leid zu ersparen. Fast alle meiner Mandant*innen berichteten, dass die Bedrohungen und der Psychoterror nach der Trennung schlimmer geworden seien. Die Mütter unter ihnen erzählten, dass ihre Expartner sie bei der Übergabe des Kindes beleidigt und bedroht hätten, das Kind gegen sie aufgehetzt worden sei. Sehr häufig lässt der Expartner seine Aggressionen auch am gemeinsamen Kind aus, um sich an der Mutter für die Trennung zu rächen.

Viele Mütter berichteten mir, dass sie, wenn sie sich mit der Bitte um Rat und Hilfe an das Jugendamt wandten, oft nicht die notwendige Unterstützung bekamen und nicht ernst genommen wurden. Oft hieß es, die «Auseinandersetzung» mit dem Vater sei ein partnerschaftlicher Konflikt, und «zu einem Konflikt gehören immer zwei», die Mütter müssten die Partnerebene von der Elternebene trennen. Teilweise mussten die Mütter sich anhören, dass *sie* ja jetzt diejenigen seien, die den Vater bei der Behörde schlechtmachen würden.

Die Nachtrennungsgewalt wird unter Umständen von den staatlichen Institutionen begünstigt, indem die Betroffenen direkt nach der Trennung zu gemeinsamen Gesprächen gedrängt werden und die Mediator*innen bei Partnerschaftsgewalt von «zwei Seiten» sprechen. Wenn eine Seite jahrelang von der anderen Seite unterdrückt wurde, möglicherweise auch noch strukturell benachteiligt ist, weil sie finanziell abhängig ist, ist ein Gespräch auf Augenhöhe nicht möglich. Wie soll es hier zu einer wirklich «einvernehmlichen» Lösung kommen? Die Expartner fühlen sich durch die Herangehensweise der Beratungsstellen und Mediator*innen oftmals ermutigt und in der Ansicht bestätigt, ihre Gewalt sei nur Teil eines Konflikts, der von zwei Seiten ausgetragen wird.

Mütter können es in solchen Situationen kaum richtig machen. Die Gesellschaft ist gnadenlos, egal, was sie tun, es wird bewertet, abgewertet und verurteilt. Mütter werden zu «Rabenmüttern», wenn sie das Kind zu oft zum Vater geben, oder ihnen wird vorgeworfen, sie würden das Kind zu sehr vereinnahmen und instrumentalisieren, wenn sie es vor Umgängen mit dem Vater schützen wollen. Dazwischen gibt es wenig. Dabei geht es selten nur um das Engagement und die Fähigkeiten der Mutter in der Erziehung, sondern um eine Bewertung ihres kompletten *Menschseins*. Wenn Väter die Kinder bei der Trennung im Haushalt der Mutter lassen und deutlich weniger Betreuungsleistung übernehmen, dann gelten sie höchstens als schlechte Väter. Zu häufig wird diese Form des Verhaltens und der Betreuung als «normal», als unsichtbare Norm, wahrgenommen. Diese gesellschaftlichen Urteile haben natürlich enormen Einfluss auf das Klima in Institutionen wie dem Jugendamt oder dem Familiengericht.

Ich denke an einen Fall, bei dem meine Mandantin das Jugendamt verzweifelt darum bat, ihr dabei zu helfen, mit ihrem Expartner Kontakt aufzunehmen und Gespräche zu initiieren, damit er sich mehr um das gemeinsame Kind kümmerte. Sie hätte sonst ihrer Arbeit in Vollzeit nicht mehr nachgehen können. «Mehr kümmern» bedeutete in diesem Fall, mehr als nur jedes zweite Wochenende für zwei Tage. Die Reaktion der Jugendamtmitarbeiterin war desillusionierend, aber nicht überraschend: Statt der Mandantin Unterstützung anzubieten, ihr Mitgefühl entgegenzubringen, fragte sie, «warum sie sich denn überhaupt getrennt habe, wenn sie es allein mit dem Kind nicht schaffe und die Kinderbetreuung durch ihren Ex, den Vater der gemeinsamen Kinder, brauche».

Wenig wird in Deutschland so widersprüchlich bewertet wie die Rolle der Mutter. Sie wird idealisiert und zugleich abgewertet und alleingelassen, wenn sie es wagt, sich nicht den Normen der klassischen heteronormativen Ehe zu unterwerfen. Selbst bei aktenkundigem Vorliegen von Gewalt gegen das Kind hieß es bei mehreren meiner Mandant*innen vonseiten der Jugendamtmitarbeiter*innen, dass ein Umgang mit dem Vater ausnahmslos kindeswohldienlich sei. In einigen Fällen wurde immerhin eine Umgangsbegleitung festgelegt, das bedeutet, dass ein*e Sozialarbeiter*in bei den Umgangskontakten anwesend ist. Aber diese Maßnahme ist in der Regel auf wenige Monate befristet. Selten löst sich das Gewaltpotenzial des Vaters in dieser Zeit wie durch Zauberhand auf.

Was im Bereich der Kinder- und Jugendhilfe nach der Trennung eindeutig zu kurz kommt, ist die weitere Betreuung der Kinder aus Familien, in denen es Partnerschaftsgewalt gab. Häufig wird den Frauen von Jugendämtern dazu geraten, den gewalttätigen Partner zu verlassen, und teilweise wird die Inobhutnahme (also Wegnahme) der Kinder angedroht, wenn sie sich nicht vom gewalttätigen Partner trennen sollten. Wenn sich die Betroffenen aber dann getrennt haben, gibt es oft keine weitere engmaschige Betreuung der Kinder. Im Gegenteil sollen sie häufig möglichst schnell wieder «normalen» Kontakt und Umgang mit dem Vater haben. Dass die Umgangskontakte auch für die Kinder retraumatisierend sein können, wird kaum berücksichtigt. Ebenso wenig eine Rolle spielt für das Jugendamt die Nachtrennungsgewalt des Vaters durch Kontrolle und Abwertung der Mutter, durch das Manipulieren des Kindes, durch ständiges Drohen mit Kindesentzug, durch das Machtspiel bei gemeinsamen sorgerechtlichen Entscheidungen, die das Kind betreffen. Der Umgang mit dem biologischen Vater hat Vorrang. Fast ausnahmslos.

Es scheint, als ob auch beim Jugendamt – wie bei allen staatlichen Institutionen – in manchen Fällen gern weggeschaut, in anderen dafür umso genauer hingesehen wird. Queere und migrantische Familien haben häufig Angst vor dem Jugendamt, weil sie das Gefühl haben, stark unter Beobachtung zu stehen und sich keine Fehler erlauben zu können.

Die Unkenntnis über bestimmte Themen ist erschreckend. Trans Personen, Marginalisierte, muslimische Personen, die Kopftücher tragen, die nicht der Mehrheitsgesellschaft entstammen, haben größere Ängste. Sie nehmen das Jugendamt nicht als Hilfsstruktur wahr, sondern als Gefahr.

Ich erinnere mich an ein Verfahren, in dem meiner Mandantin vorgeworfen wurde, sie könne nicht Deutsch sprechen und ihre Kinder deshalb weniger gut betreuen, während der Vater der Kinder Deutsch spreche. Das Jugendamt empfahl aus diesem Grund beim Familiengericht, die Kinder dem Vater zu überlassen. In einem ähnlich gelagerten Fall sprach sich das Jugendamt hingegen für den Verbleib bei der Mutter aus, die Kinder könnten ja Deutsch in der Schule lernen, und so könnten sie eine weitere Sprache sprechen, was für eine Bereicherung. Der Unterschied zwischen beiden Fällen? Die erste Mandantin kam aus dem Kongo und war Schwarz, die zweite Mandantin kam aus Paris und war weiß. Beide sprachen mit ihren Kindern Französisch.

Ich denke an einen verzweifelten Mandanten, einen trans Mann, der sich kurz vor der Trennung geoutet hatte und seitdem von seinem Expartner, dem anderen Vater des Kindes, gedemütigt wurde. Der Expartner verbot dem gemeinsamen Kind, meinen Mandanten «Papa» zu nennen, das Kind musste in seinem Beisein weiterhin «Mama» sagen und ihn bei seinem früheren Namen nennen. Es war schließlich so überfordert von der Situation, dass es Verhaltensauffälligkeiten zeigte, und bald informierte die Schule das Jugendamt. In den Gesprächen mit den Jugendamtmitarbeiter*innen zeigte sich sehr deutlich die Unkenntnis und Unsicherheit im Umgang mit trans Personen. Der cis Vater konnte die Mitarbeiter*innen davon überzeugen, dass die Transition des Expartners das gemeinsame Kind überfordere und eine Kindeswohlgefährdung sei. Das Jugendamt riet den Beteiligten, sich zu einigen und das Kind erst mal im «gewohnten» Umfeld des cis Vaters zu belassen, weil die Situation beim trans Vater ihm möglicherweise zu viel «Anpassungsleistung» abverlange.

Die Jugendämter agieren, wie alle anderen Behörden, nicht in einem gesellschaftlichen Vakuum. Sie sind Teil einer rassistischen, benachteiligenden Gesellschaft. Solche Muster, Vorurteile und Prägungen sind Teil der Lebenswirklichkeit von uns allen. Rassismus und Sexismus machen nie an den Toren und Türen staatlicher Institutionen halt, sondern gehen mit den Menschen hinein in Behörden, Ämter und Gerichte. Innerhalb einer solchen Gesellschaft können die Institutionen, auf die Frauen angewiesen sind, nie frei von diskriminierenden Strukturen sein.

Ich erinnere mich an viele nicht deutschstämmige gewaltbetroffene Women of Colour, die Hilfe gebraucht hätten, denen aber keine Unterstützung angeboten wurde. In einem extremen Fall wurden die Kinder von ihrer Mutter getrennt, weil diese es nicht schaffte, sich von ihrem gewalttätigen Partner zu trennen. Anstatt ihr zu helfen und ihr Perspektiven aufzuzeigen, wurden die Kinder in Obhut genommen und nicht mehr zurückgeführt. Sie wurden voneinander getrennt in Pflegefamilien untergebracht und leben bis zum heutigen Tag nicht mehr bei ihrer Mutter. Erst im Beratungsgespräch mit mir erfuhr die Mutter, dass sie auch gemeinsam mit den Kindern in ein Frauenhaus hätte ziehen können. Das Jugendamt hatte ihr nur angeboten, die Rückführung der Kinder in ihren Haushalt zu prüfen, sobald sie in eine eigene Wohnung gezogen sei; solange sie aber in einem Frauenhaus lebe, könnten die Kinder nicht bei ihr sein. Als sie dann eine Wohnung hatte, sagte man ihr, dass die neuen Pflegeeltern die Kinder besser in der Schule unterstützen könnten, da sie Deutsch sprächen. Bei keinem der Termine mit dem Jugendamt wurde der Mutter erklärt, dass sie sich anwaltlich Hilfe suchen könnte.

Die gewaltbetroffene Frau sprach weder Deutsch, noch hatte sie Informationen über das deutsche Rechts- und Verwaltungssystem. Sie kannte ihre Rechte nicht. Die Inobhutnahme der Kinder durch das Jugendamt war ein rechtswidriger Eingriff. Aber diese Erkenntnis half ihr nach mehreren Jahren der Trennung nicht mehr viel, weil die damals teils sehr kleinen Kinder sich mittlerweile an den Zustand gewöhnt und sich bei ihren Pflegefamilien gut eingelebt hatten. Sie sprachen die Sprache der Mutter nicht mehr, die Kinder und ihre leibliche Mutter konnten sich nicht mehr miteinander verständigen. Eine erneute Trennung der Kinder von ihren Pflegeeltern wäre traumatisch und eine erneute Kindeswohlgefährdung gewesen. Ich konnte ihr nicht mehr helfen, die Zeit hatte Fakten geschaffen.

Eine Mutter, von der keine Kindeswohlgefährdung ausging, die aus einem Land geflüchtet war, das systematisch Frauen unterdrückt, um ihren Kindern eine bessere Zukunft zu ermöglichen, eine Mutter, die selbst von der Gewalt ihres Expartners betroffen war und sich schließlich auch getrennt hatte, verliert ihre Kinder, mitten in Deutschland. Sie werden ihr mit *staatlicher Gewalt* entzogen. Ich werde nie vergessen, wie sie mich im Beratungsgespräch verzweifelt anschaute, als ich ihr sagen musste, dass wir kaum Chancen hätten, ihre Kinder wieder in ihren Haushalt zurückzuholen, und wie sie darauf antwortete: «Ich habe mein jüngstes Kind auf meiner neunmonatigen Flucht nach Deutschland den gesamten Weg unter dem Herzen getragen, damit wir als Familie in Deutschland ein besseres und freies Leben, ein Leben frei von staatlicher Gewalt haben können.» Selten hat mich ein Fall in meiner Berufspraxis so erschüttert und meinen Glauben an die Rechtsstaatlichkeit deutscher Institutionen so sehr ins Wanken gebracht. Erst nachdem ich anfing, mit verschiedenen Beratungsstellen darüber zu sprechen, erfuhr ich, dass es sich nicht um einen Einzelfall handelte. Mir wurde von etlichen migrantischen, geflüchteten Alleinerziehenden berichtet, deren Kinder unter abwegigen Gründen in Obhut genommen wurden. Ihnen wurden «mangelnde Erziehungsfähigkeit» und die nun schon oft erwähnte «Kindeswohlgefährdung» vorgeworfen. Die Zahlen des Statistischen Bundesamtes zeigen: Mehr als die Hälfte aller rund 50 000 Inobhutnahmen pro Jahr betreffen Eltern mit Migrationsgeschichte, obwohl sie nur ein Viertel der Gesamtbevölkerung ausmachen.[17]

«Kindeswohlgefährdung» ist ein unbestimmter Rechtsbegriff, es gibt keine eindeutige Definition dafür. Ob eine Gefährdung besteht und welche Maßnahmen ergriffen werden müssen, entscheiden das Jugendamt und das Familiengericht. In vielen Fällen entscheiden sie richtig, in einigen zu spät, aber manchmal wird eben falsch entschieden, mehr noch: Es wird das Machtgefälle im Verhältnis zwischen Staat und Elternteil genutzt und einer rassistischen Verhaltensweise Raum gegeben.

Kinder- und Jugendhilfe muss sich den Lebensrealitäten diverser Familien und Familienmodelle anpassen. Sie kann nur dann wirklich eine Hilfe sein, wenn sie sensibel für verschiedene Diskriminierungsformen ist und ausgleichend auf gesellschaftliche Benachteiligungen wirkt. Solange sie ausschließlich die «der Norm» entsprechenden Familien als Ideal sieht, wird sie nur einen Teil der Familien unterstützen können. Und «die Norm» ist ohne Zweifel eine eurozentrische Norm, die der deutschen Mehrheitsgesellschaft entspricht. Wie kann diese begrenzte Perspektive der Kinder- und Jugendämter erweitert werden? Schon bei der Ausbildung von Sozialarbeiter*innen ist es wichtig, systematische Ungerechtigkeiten und diskriminierende Strukturen zu benennen und die eigenen blinden Flecken zu erkennen.

Zur Realität in Deutschland gehört aber auch, dass der Kinder- und Jugendhilfebereich, wie schon erwähnt, chronisch unterfinanziert ist,[18] und das wiederum ist eine politische Entscheidung. Sie geht zulasten der Kinder, die im schlimmsten Fall zu früh oder zu spät von ihren Familien bzw. gewalttätigen Elternteilen getrennt werden. Die Jugendamtmitarbeiter*innen haben kaum Zeit und Ressourcen für die Betreuung der Familien und Kinder, da ist es kein Wunder, wenn Gewalt und Vernachlässigung auch mal übersehen werden. Es ist die Aufgabe des Staates, Kinder zu schützen. Wenn der Staat den Kinder- und Jugendhilfebereich finanziell so ausbluten lässt und Kinder dadurch traumatisiert werden oder im schlimmsten Fall sogar zu Tode kommen, dann reicht es nicht mehr aus, nur von Fahrlässigkeit zu sprechen.

Es ist sicher nicht utopisch, Jugendämter mit mehr Geld und Personal auszustatten, damit sie die Familien unterstützen können, *bevor* es zu Kindeswohlgefährdungen kommt. Eine ehemalige Jugendamtmitarbeiterin antwortete mir auf die Frage, was sie sich wünschen würde, was ihre Utopie wäre: «dass die Mitarbeiter*innen mehr Zeit haben für mehr Beziehungsarbeit. Mehr Wissen, Mut und Willen, sich auf Familien einzulassen, sich berühren zu lassen, nicht nur Akten zu sehen, sondern die Menschen dahinter. Und sie bräuchten mehr Wertschätzung durch bessere Gehälter, schließlich geht es bei den Entscheidungen der Jugendämter sehr oft auch um Leben und Tod von Kindern.»

Was die Jugendamtmitarbeiter*innen darüber hinaus sicher auch bräuchten, wären regelmäßige Pflichtfortbildungen zur Dynamik von häuslicher Gewalt, insbesondere wenn es um Partnerschaftsgewalt geht – und dabei nicht nur um die offensichtliche körperliche Gewalt, sondern auch um die subtileren Formen der psychischen und wirtschaftlichen Gewalt.

V. Vor dem Familiengericht

Als ich mit Anfang zwanzig das Jurastudium begann, hatte ich viel Hoffnung und den Willen, Teil von Strukturen zu werden, die das Leben von Menschen gerechter machen. Mich faszinierte die Figur Justitia, die römische Göttin der Gerechtigkeit, die mit ihrer Augenbinde ein Symbol für Neutralität und Objektivität darstellt. Manchmal lache ich heute über meine damalige Naivität. Blinde Neutralität kann in einem diskriminierenden System nicht parteilos und objektiv sein, sondern hält die Ungerechtigkeiten dieses Systems durch das Wegschauen aufrecht und reproduziert sie rechtlich. Das habe ich mittlerweile gelernt. Ich habe erlebt, dass es unter den gegebenen Umständen schlicht nicht möglich ist, in familiengerichtlichen Verfahren für Gerechtigkeit zu sorgen. Frauen und Kinder, die Gewalt erfahren, müssen unglaublich große institutionelle Hürden nehmen, um sich vor weiterer Gewalt zu schützen. Es wird ihnen sehr schwer gemacht, ernst genommen zu werden.

Wo genau liegen die systemischen Ungerechtigkeiten? Ich will zunächst erklären, wann und wie es zu familiengerichtlichen Verfahren kommt. Die Zeitpunkte dafür sind unterschiedlich. Oft haben sich die Frauen vor nicht allzu langer Zeit getrennt, wenn sie zu mir ins Büro kommen. Dann kann es sein, dass sie durch Gewaltschutzverfahren über Näherungsverbote oder Kontaktverbote vor dem Expartner geschützt werden müssen. Dafür stellen sie allein oder über ihre Anwält*in Anträge beim Familiengericht, wonach es häufig zu gerichtlichen Anhörungsterminen kommt.

Kurz nach der Trennung bzw. im Laufe des vorgeschriebenen Trennungsjahrs bis zur Scheidung kommt es auch oft zu

Kindschaftsverfahren, das heißt, die Betroffenen stellen wiederum allein oder über ihre Anwält*in Anträge beim Familiengericht, um den Lebensmittelpunkt des Kindes zu klären (also bei welchem Elternteil das Kind dauerhaft leben soll) oder um das alleinige Sorgerecht zu beantragen oder den Umgang mit dem Vater zu regeln. Sehr häufig sind es aber auch die gewalttätigen Väter, die familiengerichtliche Verfahren initiieren und immer weiter betreiben, zum Teil einzig und allein, um Druck und Stress bei den Betroffenen auszulösen. Neben dem psychischen ist auch der wirtschaftliche Druck entscheidend, denn Gerichtsverfahren und anwaltlicher Beistand sind nicht kostenlos.

In allen Verfahren, in denen Kinder eine Rolle spielen, wird das Jugendamt vom Gericht informiert und miteinbezogen. In der Regel müssen sich die Jugendamtmitarbeiter*innen mit den Elternteilen und den Kindern in Verbindung setzen, sie zu Gesprächen einladen und sich einen Eindruck von der Lebenssituation der Familien machen. Zu den Anträgen der Beteiligten geben die Jugendämter Stellungnahmen ab. Wenn also ein Elternteil Umgang mit dem Kind beantragt hat, soll das Jugendamt eine Empfehlung aussprechen, schriftlich oder mündlich in der Verhandlung, die bei der Entscheidungsfindung des Gerichts berücksichtigt wird.

Neben den Jugendämtern werden von Gerichten auch sogenannte Verfahrensbeistände miteinbezogen, wenn es sich um Kindschaftsverfahren handelt. Sie sollen die Interessen des Kindes vertreten. In der Regel treffen sie beide Elternteile jeweils einmal mit dem Kind, häufig im Haushalt des jeweiligen Elternteils. Auch sie geben am Ende eine Empfehlung ab, die großen Einfluss auf die Entscheidung des Gerichts hat.

Wenn die Richter*innen keine Einigung zwischen den Eltern herstellen können, kann es auch sein, dass Gutachter*innen beauftragt werden. Gutachter*innen treffen die Beteiligten deutlich häufiger und schreiben am Ende ein längeres familienpsychologisches Gutachten. Verfahren, in denen Gutachten in Auftrag gegeben werden, können bis zu mehrere Jahre dauern und sind sehr kostenintensiv für die Eltern, da die Gutachterkosten von ihnen getragen werden müssen.

Im April 2022 erschien eine Untersuchung von Dr. Wolfgang Hammer, Soziologe und Experte für Kinder- und Jugendhilfe, die über Twitter und in der Presse sehr viel Resonanz gefunden hat. Hammer zeigt die teils mütterfeindliche Praxis deutscher Familiengerichte auf und warnt vor davon ausgehenden Kindeswohlgefährdungen. Personen und Verbände, die seine Untersuchung öffentlich verbreiteten, bekamen starken Gegenwind bis hin zu Hassbotschaften und Drohungen. Nachdem ich selbst auf Twitter darauf hingewiesen hatte, erhielt auch ich E-Mails an meine berufliche Adresse, in denen mir mit Vergewaltigung und Vernichtung gedroht wurde. Das Thema mütter- und frauenfeindliche Familiengerichte trifft einen Nerv in Deutschland. Insbesondere Männer- und Väterrechtler fühlen sich angegriffen.

Um die Rolle der Familiengerichte im System der Gewalt gegen Frauen zu verstehen, muss man wissen, welche Grundannahmen dort sehr häufig vorherrschen. Sie finden Eingang in Schriftsätze von Anwält*innen der Gegenseite, aber sie werden auch von Jugendämtern, Verfahrensbeistandschaften und Richter*innen vertreten und in Empfehlungsschreiben, Stellungnahmen und Gerichtsurteilen reproduziert.

Noch immer dominiert der Mythos, Mütter hätten bessere Chancen vor dem Familiengericht. Sie würden immer das Sorgerecht erhalten, könnten den Vater «einfach» vom Umgang mit dem Kind ausschließen, gleichzeitig aber Unterhaltszahlungen für das Kind einfordern. Die Familiengerichte würden davon ausgehen, dass die Mutter die geeignetere Person für die Betreuung sei. Dieser Mythos ist unter anderem zurückzuführen auf das in dieser Gesellschaft vorherrschende Mutterbild, von dem bereits die Rede war: Frauen werden in Deutschland als Mütter wahrgenommen, die sich «von Natur aus» gern aufopfern, die gern ihre kostenlose Care-Arbeit anbieten, weil es ihrem «Wesen» entspricht und «sie selbst glücklich macht». Die Mutter, so die Vorstellung, gibt ihr Leben für ihre Familie, ihre Kinder, ihren Partner auf und ist in dieser Rolle dankbar und glücklich. Insofern erscheint es nur logisch, dass sie das Sorgerecht erhält oder dass das Kind weiterhin hauptsächlich in ihrem Haushalt lebt.

Neben diesem Bild der Übermutter steht das Bild der vergeltungssüchtigen Medea, der rachsüchtigen Expartnerin, die aufgrund einer Kränkung die Kinder gegen den Mann instrumentalisieren und ihn «ausnehmen» möchte. Dieses Bild ist deshalb interessant, weil der Vorwurf gegen die Mütter in meiner Praxis insbesondere bei den Fällen vorgebracht wird, in denen die Frauen sich für die Trennung aus der Gewaltbeziehung entschieden haben und die *Männer* aufgrund der Trennung einen Kontroll- und Machtverlust und dadurch eine immense Kränkung erleben. Wenn die Frau es wagt, sich aus einer solchen Beziehung zu lösen, sich und ihre Kinder zu schützen oder sich gar zu wehren und sich nicht auf Vereinbarungen mit dem gewalttätigen Expartner einzulassen, ihre Rolle als harmonieschaffende Frau aufzugeben, droht ihr schnell der Vorwurf, sie setze ihre Kinder als Waffe gegen den Vater ein, sie entfremde sie bewusst, um sich zu rächen, sie benutze die Kinder, um möglichst viel Geld aus ihrem Expartner herauszuholen.

Es gibt bei diesen gesellschaftlich verbreiteten Mutterbildern kaum Zwischentöne zwischen der Überhöhung der Mutter als sich aufopfernde Frau und der egoistischen Frau, die sich gegen die «klassische» Familie nach konservativem

Ideal entscheidet. Der Schwerpunkt der Betrachtung liegt in unserer Gesellschaft fast ausschließlich auf dem Verhalten der Mutter, der Frau. Das Urteil, das sie gesellschaftlich erfährt, ist erbarmungslos hart und ihr Verhalten unentschuldbar. Es wäre naiv zu denken, dass sich dieser strenge Blick nicht auch in der familienrechtlichen Praxis niederschlägt, denn egal, was die Frau und Mutter tut, es ist am Ende falsch: Wenn sie sich nicht rechtzeitig vom gewalttätigen Partner trennt, «gefährdet sie das Kindeswohl»; wenn sie sich trennt und den Kontakt zum gewalttätigen Vater nicht zulässt, weil sie sich und die Kinder schützen will, «gefährdet sie das Kindeswohl», weil sie das Kind vom Vater «entfremdet».

Es ist nicht erstaunlich, dass Kinder, die hauptsächlich von einem Elternteil betreut und versorgt werden, zu diesem Elternteil eine engere Bindung aufbauen und in der Regel lieber bei dem Elternteil leben wollen, der auch schon vorher die meiste Sorgearbeit geleistet hat. Kommt körperliche oder psychische Gewalt in der Partnerschaft hinzu, ist der Wunsch, bei dem Elternteil zu bleiben, der sich nicht aggressiv verhält, ebenfalls keine große Überraschung. Jugendämter und Familiengerichte argumentieren hingegen häufig, dass durch die enge Bindung der Mutter zum Kind kein Platz mehr für den Vater sei, die Mutter den Kontakt nicht zulasse, das Kind sogar bewusst entfremde.

Dieses Narrativ ist geprägt und wurde verbreitet von sogenannten Väterrechtlern. Väterrechtler eint, dass sie sich durch Familiengerichte, Behörden und Gesellschaft benachteiligt fühlen. Sie finden sich in Foren zusammen und bei persönlichen Treffen und agieren gegen alle progressiven Bewegungen innerhalb der Gesellschaft. Der gemeinsame Feind dieser Männer sind der Feminismus und die LGBTQI-Community, also alle diejenigen, die die Vorherrschaft des Mannes in der Gesellschaft und in der Familie infrage stellen.

Ein großes Thema ist für sie, dass der Mann nach einer Trennung keine Kontrolle mehr über die Familie hat und dennoch Unterhalt für das Kind zahlen muss. Männer und Väter versuchen die verlorene Kontrolle durch familiengerichtliche Verfahren wiederherzustellen. Das ist oft Ziel und Motiv besonders für jene Väter, die bisher Kontrolle und Macht in der Familie ausgeübt haben: durch körperliche, psychische oder wirtschaftliche Gewalt.[1]

Meist versuchen gewalttätige Väter, sich in familiengerichtlichen Verfahren als strukturell unterlegene Partei zu präsentieren. Diese Strategie ist deshalb so perfide, weil sie sich als Widerstand gegen eine Übermacht der Frau in der Familie darstellt. Aber diese vermeintliche Dominanz ist eine Konstruktion. Die Frau als fürsorgende, liebende Mutter und Ehefrau ist ein Korsett, in das Frauen seit Jahrhunderten gezwängt werden. Väterrechtler greifen diese gesellschaftlich auferzwungene Rolle auf, die keineswegs tatsächliche Macht im Rahmen der partnerschaftlichen Verhältnisse mit sich bringt, sondern für viele Frauen mit Unfreiheit und Abhängigkeit verbunden ist. Sie wird in familiengerichtlichen Verfahren nun als dankbarer Vorwurf und Argument *gegen* die Mütter genutzt. Die Väter argumentieren mit einer «Rückeroberung» von Macht in der familiären Sphäre. Damit verleihen sie ihrem Kampf um patriarchale Vorherrschaft einen progressiven Anschein. Sie behaupten, selbst eine schlechte Ausgangslage im Streit um das Sorgerecht für die Kinder zu haben, weil Männern weniger zugetraut werde. Sie bezichtigen die Partnerin der Lüge, wenn sie von Partnerschaftsgewalt erzählt. Die vermeintliche Opferrolle, die sie sich damit geben, hilft ihnen, die Macht und Herrschaft über die Frau in der Familie zu verteidigen und in das Aufbrechen tradierter Rollenmodelle zu kleiden. Benachteiligt sind Männerrechtler nach eigener Ansicht aufgrund der übermächtigen Rolle der

Mutter als natürlicher Caretakerin in der Gesellschaft. Gerne benutzen sie beispielsweise den Begriff «Gender Empathy Gap», um zu behaupten, dass die Gesellschaft mit Frauen mitfühlender umgeht und ihrem Leid mehr Bedeutung zumisst als dem von Männern, obwohl dies nicht wissenschaftlich nachgewiesen ist. Andere – wissenschaftlich erwiesene – Gender Gaps streiten sie dagegen ab.[2]

Dieses Narrativ der Benachteiligung von Männern verdreht die Tatsachen. Strukturell bleibt es die Frau, die in familienrechtlichen Verfahren in der schwächeren Ausgangssituation ist. Die Frau ist es, die durchschnittlich weniger finanzielle Ressourcen hat, um sich anwaltlichen Beistand zu leisten oder Gutachtenkosten zu tragen. Und Sexismus und Mütterfeindlichkeit machen, wie wir schon gesehen haben, auch vor Gerichten nicht halt.

Die ehemalige Richterin am Bundesverfassungsgericht Susanne Baer sagte im Jahr 2004, dass Justitia ihre Augenbinde ablegen «und sich vielleicht eine Brille zulegen» solle.[3] Sie sprach dabei von einem feministischen Blick auf das Recht. Ein solcher feministischer Blick ist immer auch ein intersektionaler: Justitia muss alle Diskriminierungsformen, die es aufgrund der bestehenden Machtverhältnisse gibt, im Blick haben – also nicht nur die Diskriminierung aufgrund des Geschlechts, sondern auch die aufgrund von Hautfarbe, Behinderung oder ökonomischem Status.

Das Narrativ der Väterrechtler ist, so sehr es die Tatsachen verdreht, dennoch kraftvoll. Sein progressiver Anschein macht es anknüpfungsfähig, und es ist mittlerweile so verbreitet, dass es in familiengerichtlichen Verfahren teilweise unhinterfragt übernommen wird. Ich würde sogar noch weiter gehen: Meiner Erfahrung nach neigen Familienrichter*innen häufig sogar dazu, sich in Verhandlungen auf die Seite der Männer zu schlagen, ihre Bedürfnisse und Perspektiven stärker wahrzunehmen und ihnen gegenüber offener zu sein. Dazu gehört auch, dass sie ihnen glauben, wenn die Männer die Partnerin der Lüge bezichtigen, was Gewaltausbrüche angeht – oder zumindest auch hier von einem «normalen» partnerschaftlichen Konflikt ausgehen. Einer der Gründe dafür ist, dass Familienrichter*innen wegen des Neutralitätsgedankens und des mittlerweile weit verbreiteten Narrativs der von Familiengerichten «benachteiligten» Männer nicht in Verdacht geraten wollen, «immer nur die Seite der Frauen» zu berücksichtigen. Sie steuern teils bewusst, teils unbewusst gegen, indem sie Männern bzw. Vätern entgegenkommen, und missverstehen dieses Entgegenkommen als «Neutralität», die es herzustellen gelte.

Ich erinnere mich an zahlreiche Verfahren, in denen Familiengerichte die Mütter zum Wechselmodell, also zur Betreuung der Kinder zu jeweils gleichen Teilen, gedrängt haben, obwohl die Mütter Gewaltvorwürfe gegen die Väter angebracht hatten und die Kinder den Vater nicht häufiger sehen wollten. Die Ablehnung der Kinder interpretierten die Gerichte als Ergebnis der «Manipulation» durch die Mutter, die Beziehung zu ihr sei zu «symbiotisch», da müsse gegengesteuert werden, indem der Vater *noch mehr* Betreuungszeiten bekomme. In einem Fall sagte der Richter im Gerichtsverfahren, mehr Kontakt zum Kind könne den Vater «stabilisieren» und es gebe eine gute Chance, dass er dann aufhören werde, die Mutter weiter zu bedrängen (er stalkte sie seit Monaten), die ihm mit ihrer Blockadehaltung quasi keine andere Wahl lasse. Noch mal: Das *Kind* soll den *Vater* stabilisieren, damit *er* die Mutter nicht mehr stalkt, was er deshalb tut, weil sie den Umgang aus Angst nicht zulässt?

Selbst wenn Vorwürfe des Kindesmissbrauchs im Raum stehen und die Mutter deshalb einen Umgangsausschluss (also ein vollständiges Kontaktverbot für den Vater) beantragt, orientieren sich Gerichte teilweise an der Vorgabe, einen drohenden Rechtsverlust des Vaters zu verhindern, solange die Schuld nicht zweifelsfrei feststeht. So urteilte beispielsweise das Oberlandesgericht Karlsruhe 2013: «Der bloße Verdacht des sexuellen Missbrauchs und die daraus resultierende Möglichkeit eines psychischen Folgeschadens sind abzuwägen gegen die sicheren Schäden in der Entwicklung des Kindes, die ein Ausschluss des Umgangs nach sich zöge. Wird durch die gebotenen gerichtlichen Ermittlungen der Verdacht nicht bestätigt, so scheidet eine Einschränkung des Umgangsrechts – auch in Form der Anordnung eines begleiteten Umgangs – aus.»[4]

Hier wird auf den Grundsatz der Unschuldsvermutung zurückgegriffen, der im Strafrecht natürlich gilt, aber nicht im Familienrecht. Denn das oberste Gebot in Kindschaftsverfahren und bei Entscheidungen zum Umgangsrecht oder Sorgerecht muss das Kindeswohl sein, und hierfür müssen andere Maßstäbe gelten als bei einer strafrechtlichen Verurteilung. Das Bündnis Istanbul-Konvention wirft der Rechtsprechung deshalb zu Recht vor, dass sie missbrauchsbetroffene Kinder «de facto ungeschützt» lässt.[5]

Die Rechtsprechung ist also geprägt vom Narrativ der Väter, die davor geschützt werden müssten, dass (teils gewaltbetroffene) Frauen ihnen ihre Rechte «nehmen». Wie sehr dieses Narrativ an der Realität vorbeigeht, zeigt schon ein Blick auf die Fakten: Knapp 90 Prozent der Alleinerziehenden mit mindestens einem minderjährigen Kind sind Frauen.[6] Jede zweite Alleinerziehende in Deutschland erhält keinen Kindesunterhalt vom anderen Elternteil.[7]

Die meisten meiner Mandant*innen würden sich sehr wünschen, dass sie eine gute Beziehung zu ihrem Expartner hätten und dass er die Kinder regelmäßig betreuen würde, aber sie haben verständlicherweise Angst um sich und ihre Kinder, wenn der Expartner vor der Trennung damit gedroht hat, ihnen die Kinder «wegzunehmen», oder ihnen bei jeder Begegnung damit droht, sie «fertigzumachen», sie «umzubringen», sie «zu vernichten». Häufig sind die Kinder anwesend, wenn die Eltern aufeinandertreffen, so werden sie immer wieder Zeug*innen von fortgesetzter Partnerschaftsgewalt. Oft werden sie an den Umgangstagen von ihren Vätern unter Druck gesetzt und kommen gestresst und aggressiv zurück zu ihren Müttern. Kinder, die von ihren Vätern instrumentalisiert werden, leiden unter enormen Loyalitätskonflikten und unter permanentem Stress. Viele Mütter erhoffen sich nichts sehnlicher, als bei der Betreuung ihrer Kinder entlastet zu werden, mehr Zeit für ihre Arbeit zu haben und mehr Zeit für sich selbst. Viele Frauen schauen mich in den Beratungsgesprächen verzweifelt an und sagen, dass sie sich einfach nur einen gewaltfreien Kontakt zu ihrem Expartner wünschen, um ihr Kind und sich selbst zu entlasten. Es ist erstaunlich, dass über Jahrzehnte der Eindruck erweckt wurde, Mütter würden aus einem bloßen Besitzanspruch heraus den Kontakt der Kinder zum Vater nicht zulassen und sie würden sogar erfundene Gewaltvorwürfe einsetzen, um den Kontakt zu unterbinden. Aber welche Frau entscheidet sich freiwillig für die Flucht in ein Frauenhaus, für ein Leben ohne praktische Hilfe durch den anderen Elternteil im Alltag, ohne finanzielle Unterstützung? Viele der Mandant*innen wissen, dass sie im Fall einer Trennung von Armut und Altersarmut bedroht sind. Sie bekommen häufig keinen Unterhalt, haben also auch keine wirtschaftlichen Vorteile von einer Trennung. Sie müssen mehr arbeiten, um wirtschaftlich zu überleben, eine regelmäßige Betreuung der Kinder durch den anderen Elternteil wäre dabei eine Entlastung. Diese Frauen müssen also gute Gründe haben, den Kontakt der Kinder zum Vater dennoch nicht zuzulassen.

Die knapp 90 Prozent der Alleinerziehenden haben sehr häufig gar keine andere Wahl, als ihre Kinder allein zu betreuen. Die Väterrechtler aber nutzen diese Zahl, um daraus die Erzählung zu stricken, die weitaus meisten Alleinerziehenden seien Frauen, weil Familiengerichte und die Gesellschaft Männer von der Betreuung ausschlössen. Die Institutionen stellen solche Mythen nicht ausreichend infrage, sie reproduzieren sie zum Teil immer weiter. Zu lange wurde nicht darüber gesprochen, was Frauen und ihren Kindern, die von Gewalt in der Familie betroffen sind, in nicht öffentlichen Sitzungen der Familiengerichte in Deutschland widerfährt. Welche unerträglichen Situationen sie in den Verhandlungen erleben, wie sich die Gewalt durch die Institutionen fortsetzt. Und: wie wenig es um das Kindeswohl geht, das gerade an den Familiengerichten eine wichtige Rolle spielen müsste.

Ich erinnere mich an eines meiner ersten Verfahren am Familiengericht, in dem ich eine Mutter vertreten habe, die jahrelang massive körperliche Gewalt durch ihren Partner erlebt hatte. Auch die Kinder berichteten von Gewalt gegen die Mutter und gegen sich selbst. Sie erzählten der Verfahrensbeiständin und der Richterin, dass der Kindesvater mit dem Kinderwagen auf die Mutter eingeschlagen habe, dass sie selbst von ihm mit einem Lineal auf den Handrücken geschlagen wurden, wenn sie sich nicht schnell genug angezogen hätten. Sie zeigten im Gespräch mit der Verfahrensbeiständin einen blauen Fleck, den ein solcher Schlag mit dem Lineal auf der Hand hinterlassen hatte. Die Mutter war mit den Kindern in ein Frauenhaus geflüchtet, um sich selbst und sie vor weiterer Gewalt zu schützen. Ich war mir sicher, dass sie am Familiengericht Hilfe und Unterstützung erhalten würden. Ich war mir sicher, man würde dem Kindesvater klarmachen, dass Gewalt nicht geduldet wird, dass der Umgang des Vaters mit den Kindern zunächst eingeschränkt werden würde, dass er irgendeine Form der Täterarbeit leisten müsste.

Die Verhandlung war, milde ausgedrückt, ernüchternd. Der gewalttätige Vater und Expartner nutzte den Termin dazu, die Kindesmutter zu diskreditieren, ihr vorzuwerfen, die Gewalt sei erlogen und sie manipuliere ihre Kinder, meine Mandantin habe ihnen Worte in den Mund gelegt, die die Kinder nur wiederholen würden. Er stellte sie als schwach und psychisch krank dar, sie sei eine notorische Lügnerin. Er nahm sich den Raum im Gerichtssaal, um die Gewalt auf subtile Art und Weise fortzusetzen. Während er eine deutlich längere Redezeit bekam, wurde meine Mandantin neben mir immer ängstlicher und kleiner, bis sie irgendwann nichts mehr sagen konnte.

Das Unerträgliche für die Mutter war nicht die Tatsache, dass er sich den Raum *nahm*, das kannte sie ja bereits von ihm. Traumatisch war die Tatsache, dass ihm so viel Raum *gegeben* wurde – und das von einer Institution, von der sie sich nach vielen Jahren der Unterdrückung endlich ein Stück Gerechtigkeit erhofft hatte. Im Termin wurde *ihr* nahegelegt, sich therapeutische Hilfe zu suchen, während die jahrelange Gewalt durch den Vater der Kinder und die Tatsache, dass er der eigentliche Grund für ihre Destabilisierung war, zwar durch mich als ihre Anwältin zur Sprache kamen, aber keine weitere Beachtung fanden. Eigentlich hätte man *ihm*, dem Gewalttäter, empfehlen müssen, eine Therapie oder zumindest ein Anti-Gewalt-Training zu machen, aber im Termin wurde der gesamte Komplex der Partnerschaftsgewalt von der Richterin, der Verfahrensbeistandschaft und dem Jugendamt ausgeblendet, obwohl die Kinder in der Kindesanhörung die Gewalt gegen sich und gegen die Mutter detailliert geschildert hatten und eine Therapeutin die Belastung der Mutter und der Kinder in einer Stellungnahme dargelegt hatte. Statt den Täter in Verantwortung zu nehmen, wurde dem Opfer die Verantwortung dafür übertragen, die Folgen des gewaltvollen Verhaltens des Täters zu beheben, um als Mutter wieder «gut und liebevoll» zu funktionieren. Sie sollte ihre Blockadehaltung aufheben und mehr Besuchszeiten zulassen.

Meine Mandantin gab nach jahrelangen Prozessen, die der Vater gegen sie führte, irgendwann endgültig auf. Sie gab ihm freiwillig die Kinder, weil sie keine Ressourcen mehr hatte, um dagegen anzukämpfen. Sie hatte die berechtigte Angst, dass weitere gerichtliche Verfahren und der permanente Stress die Gesundheit ihrer Kinder nachhaltig zerstören könnten. Die Kinder leben seitdem im Haushalt des Kindesvaters. Im Haushalt eines Menschen, über den sie in Anwesenheit des Gerichts gesagt hatten, dass er ihnen und ihrer Mutter Gewalt antut, in der Hoffnung auf Schutz und Unterstützung. Das alles wäre womöglich nicht passiert, wenn die Mutter und ihre Kinder rechtzeitig von den Institutionen ernst genommen worden wären, wenn der Umgang des Vaters mit den Kindern vom Familiengericht ausgeschlossen worden wäre und die Mutter mit den Kindern damit erst einmal zur Ruhe hätte kommen können, wenn der Täter an sich hätte arbeiten müssen und Konsequenzen erfahren hätte.

Mich schockierten solche Erfahrungen in familiengerichtlichen Verfahren anfangs sehr, und ich ging zunächst davon aus, dass es Einzelfälle sind. Doch nach ein paar Jahren Berufserfahrung stellte ich frustriert fest, dass es System hatte. Familiengerichte wollen eine «tragfähige Lösung für die Zukunft» im Sinne der Kinder und des Kindeswohls finden, deswegen sei es nicht förderlich, in die Vergangenheit zu schauen, so wurde häufig argumentiert. Es soll eine einvernehmliche Lösung zwischen den Eltern hergestellt werden, denn nur so seien die Kinder nicht mehr durch den «Elternkonflikt» belastet. Aber wie soll eine tragfähige einvernehmliche Vereinbarung zwischen den Beteiligten möglich sein, wenn eine Seite jahrelang unterdrückt und erniedrigt wurde? Wie kann es bei einem derartigen Machtgefälle zu einer «einvernehmlichen Lösung» kommen, wenn eine Seite Gewalt ausübt und für dieses Verhalten keine Konsequenz erfährt? Und wie soll es möglich sein, Wunden zu heilen und eine bessere Zukunft für die Kinder von Gewaltbetroffenen zu schaffen, wenn es keinen Blick in die Vergangenheit gibt und die Wunden nicht angeschaut und verarztet werden?

1. «Das betrifft doch nicht das Kind»: Wie Gewalt von Generation zu Generation weitergegeben wird

Einer der Sätze, die ich am Familiengericht sehr häufig höre, ist: «Die Gewalt auf der Partnerschaftsebene betrifft das Kind nicht.» Die Partnerschaftsgewalt finde «nur» zwischen den Eltern statt. Ein schlechter Partner könne trotz allem ein guter Vater sein. Auch hier klingt durch, was ich oben in vielen Fällen beschrieben habe: Den Vätern wird trotz vorheriger Gewalttaten wohlwollend und entgegenkommend begegnet.

Eine Standardentscheidung von deutschen Familiengerichten ist, den Umgang zwischen Kindern und gewalttätigen Expartnern direkt nach der Trennung der Eltern zuzulassen. Der Umgang findet dann ohne Unterbrechung statt, sehr häufig auch, wenn die gewaltbetroffene Mutter in einem Frauenhaus Schutz gesucht hat. Kinder erleben in den Entscheidungen des Gerichts, dass die Gewalt des Vaters gegen die eigene Mutter keine größeren Konsequenzen hat. Nur in sehr wenigen Ausnahmefällen wird Täterarbeit in Form von

Anti-Gewalt-Training oder Elternkursen für den gewalttätigen Vater angeordnet.

Dabei belegen Studien, dass Kinder, die Zeug*innen von Partnerschaftsgewalt werden, ein deutlich höheres Risiko haben, eine posttraumatische Belastungsstörung zu entwickeln. Metastudien aus den USA über die Häufigkeit posttraumatischer Belastungsstörungen bei Kindern haben gezeigt, dass Kinder, die Gewalt zwischen den Eltern miterleben, teilweise sogar ein höheres Risiko haben, an einer posttraumatischen Belastungsstörung zu erkranken, als Kinder, die *selbst* Gewalt von ihren Eltern erfahren.[8] Hier wird deutlich, wie bedrohlich es Kinder finden, wenn ihre Eltern gefährdet sind, also diejenigen, von denen sie abhängig sind und die sie zum Überleben brauchen. Diese Studien sind frei zugänglich und verfügbar, die Ergebnisse sind dramatisch und zugleich sehr klar.

Wie kann es sein, dass Familiengerichte dennoch so häufig Partnerschaftsgewalt in Kindschaftsverfahren ausblenden? Wenn Richter*innen in familiengerichtlichen Verhandlungen davon sprechen, dass es möglichst schnell nach der Trennung zu Umgangskontakten zwischen Vater und Kind kommen soll, damit für das Kind die «Normalität» zurückkehrt, dann bedeutet diese Normalität in eskalierten Konstellationen etwas komplett anderes als in Situationen einer einvernehmlichen Trennung nach einer gewaltfreien Beziehung. Die gewaltbetroffene Mutter ist bei den Umgangsübergaben und im Umgangskontakt immer wieder der Gefahr psychischer Gewalt durch Drohungen und Beschimpfungen ausgesetzt, im schlimmsten Fall der Gefahr eines körperlichen Übergriffs. Von welcher Normalität gehen die Familiengerichte also aus? Der Normalität der Gewalt, die das Kind schon während des Zusammenlebens der Eltern täglich erlebt hat? Diese Bagatellisierung der Gewalt bereitet den Nährboden für weiteres gewaltvolles Verhalten gegenüber Frauen in der Partnerschaft – und gegenüber den Kindern.

Es ist erstaunlich, dass die Familiengerichte, für deren Entscheidungen das Kindeswohl die höchste Priorität haben muss, eine künstliche Trennung der Partner- und Elternebene vornehmen. Offenbar können und wollen sie die Gesamtsituation, in der sich das Kind befindet, nicht sehen. Diese künstliche Trennung (und damit auch die Auffassung, dass Partnerschaftsgewalt das Kind nicht betreffe) führt dazu, dass sich weder das Gericht noch das Jugendamt mit der Frage beschäftigen müssen, ob ein Vater, der Gewalt gegen die Mutter ausübt, erziehungsfähig ist. Und wenn man sich dieser Frage nicht stellt, muss es auch keine Auflagen wie verpflichtende Anti-Gewalt-Trainings oder Elternkurse für den gewalttätigen Expartner geben.

Ich erinnere mich an einen Fall, bei dem die Kinder zunächst mit der Mutter vor dem gewalttätigen Vater aus der Wohnung geflüchtet waren und bei ihr bleiben wollten. Daraufhin überhäufte der Vater die Mutter mit immer neuen Anträgen. Das ist eine gängige Praxis, bei der ein Elternteil alle formalen und juristischen Möglichkeiten nutzt, um Verfahren anzustrengen, die inhaltlich wenig Sinn ergeben, aber Stress und enorme Kosten erzeugen, also das Gegenteil einer Klärung und Beruhigung der Situation bedeuten. Verfahren, die die Gewaltbetroffene emotional destabilisierten und immer wieder retraumatisierten, weil der Expartner die Frau in den Anhörungsterminen mit drohenden Blicken, die sie aus ihrer Beziehungsdynamik kannte und verstand, zum Schweigen brachte und verängstigte. Die Kinder wurden wieder und wieder angehört, obwohl sie bereits im ersten Verfahren sehr klar geäußert hatten, dass sie selbst und die Mutter Opfer von Gewalt durch den Vater geworden waren. Die Verfahrensbeiständin ignorierte das, für sie stand der gleichrangige Kontakt zu beiden Elternteilen an erster Stelle: Er sei für das Kindeswohl ausschlaggebend.

Die psychische Verfassung der Gewaltbetroffenen wurde durch ständige Beleidigungen, Bedrohungen und retraumatisierende Begegnungen immer schlechter. Nach Jahren andauernder Verfahren war sie so am Ende ihrer Kräfte, dass sie die Kinder nicht mehr betreuen konnte und sie in den Haushalt des Vaters wechseln mussten. Der Kindesvater hatte die Mandantin nicht nur innerhalb der Beziehung fast ein Jahrzehnt lang misshandelt und unterdrückt, er hatte mithilfe der Institutionen und familiengerichtlichen Akteure die Gewalt auch nach der Trennung fortgesetzt, bis die Mandantin endgültig in die Knie ging. Vor der Trennung hatte er zu ihr gesagt: «Wenn du es wagst, dich von mir zu trennen, nehme ich dir das für dich kostbarste Gut: deine Kinder.» Diese Machtdemonstration war nur erfolgreich, weil die Strukturen es ermöglichten.

Die Kinder erlitten einen massiven Verlust: Sie verloren ihre Hauptbezugsperson, ihre Mutter. Die erhebliche Belastung durch die familiengerichtlichen Verfahren führte dazu, dass sie für ihre Kinder nicht mehr emotional da sein konnte. Das Familiengericht, das das Kindeswohl schützen soll, versagte durch die eigene Verfahrenspraktik und machte sich mitschuldig an einer Fortsetzung der Gewalt gegen die Mutter.

Die Strukturen sind so stark, dass Einzelpersonen und ihre Anwält*innen kaum etwas dagegen tun können. Anwält*innen können nur immer wieder die Vertretung der Betroffenen in den Gerichtsverfahren übernehmen und sie verteidigen, aber sie können nicht verhindern, dass die Gegenseite die eigene Mandantin mit neuen Verfahren überhäuft und darüber terrorisiert und unter Druck setzt. Rechtsmittel und Anträge dürfen nur in Ausnahmefällen von Gerichten als missbräuchlich abgewiesen werden, da sonst die Rechtsweggarantie aus Art. 19 Abs. 4 Grundgesetz und damit ein Grundrecht betroffen wäre.[9] Aber was ist mit dem Grundrecht der Mutter auf körperliche Unversehrtheit?

Bei einem Umgangsrechtsverfahren für das jüngere von zwei Geschwisterkindern ignorierte das Gericht, dass der Vater das ältere Geschwisterkind, sein elfjähriges Stiefkind, das leibliche Kind meiner Mandantin, regelmäßig heimlich beim Baden gefilmt hatte. Der Vater hatte dieses kindeswohlgefährdende und strafbare Verhalten selbst eingestanden. Im Verfahren kam es jedoch zu einer schematischen, künstlichen Trennung der Ebenen. Als Anwältin erwähnte ich natürlich die Gewalt gegen das ältere Kind. Da der Vater sich aber dem jüngeren, seinem leiblichen Kind gegenüber nicht kindeswohlgefährdend verhalten hatte, hatte die Gewalt gegen das ältere Kind für das Gericht keine Relevanz. Ob das Gericht davon ausging, dass der biologische Vater dem eigenen Kind weniger antun könnte?

In einem weiteren Fall ging es um einen Vater, der zwei Kinder von zwei Frauen hatte. An einem Wochenende hatte er Umgang mit beiden Kindern. Er schlug das ältere Kind mehrfach massiv vor dem anderen Geschwisterkind. Für das Umgangsverfahren des älteren Kindes war jedoch ein anderes Gericht zuständig als für das Umgangsverfahren des jüngeren Kindes, das die Gewalt gegen das ältere Geschwisterkind miterlebt hatte. Im Gerichtstermin des älteren Kindes entschied die Familienrichterin zusammen mit dem Jugendamt, dass der Vater das Kind erst einmal nicht mehr sehen durfte. Das ältere Kind hatte sich gegen die Besuche des Vaters ausgesprochen. Es war zwölf Jahre alt, der Kindeswille ist, wie es juristisch heißt, in diesem Alter für das Gericht «beachtlich», das heißt, Familiengerichte müssen auf den Wunsch des Kindes eingehen. Im Umgangsverfahren des jüngeren Kindes dagegen ging die Richterin zu keinem Zeitpunkt auf die Gewalt gegen das ältere Kind ein, die wir angeführt hatten.

Dem Familiengericht genügte es, dass das jüngere Kind keine Gewalt erfahren hatte, um den Umgang sofort wieder unbegleitet zuzulassen. Es gab keine Auflage für einen Elternkurs oder ein Anti-Gewalt-Training. Immer wieder erlebe ich, dass Gerichte in solchen Fällen eine schematische Lösung suchen – als könnte die Lebensrealität eines Menschen wie der isolierte Teil einer Matheaufgabe gelöst werden, ohne das ganze Bild zu sehen.

Ich erinnere mich an ein Gerichtsverfahren, in dem ich beantragte, dass die Mandantin getrennt angehört wurde, damit sie nicht auf den Mann treffen musste, der sie jahrelang erniedrigt hatte und vor dem sie so große Angst hatte, dass sie kaum ein Wort herausbrachte, wenn er im selben Raum war. Das Familiengericht lehnte die getrennte Anhörung mit Verweis auf die Möglichkeit des Saalschutzes ab. Saalschutz bedeutet, dass Wachtmeister mit im Saal sitzen und sicherstellen, dass beispielsweise der Vater die Mutter nicht angreift. Dieser Verweis auf den Saalschutz erfolgt regelmäßig, eine getrennte Anhörung wird fast nie zugelassen. Mir ist es ein Rätsel, warum die Familiengerichte nicht erkennen oder erkennen wollen, dass die Gewalt nicht ausschließlich durch Schlagen oder Würgen, also nicht nur durch *körperliche* Gewalt, erfolgt. Der Saalschutz dient nur dazu, das Opfer vor körperlichen Übergriffen zu schützen. Die Dynamiken in dysfunktionalen Beziehungen in Kombination mit Partnerschaftsgewalt sind aber deutlich komplexer. Richter*innen verschließen die Augen davor, dass die Art, wie der Expartner im Anhörungstermin die Betroffene allein durch seine Blicke verängstigt, die Art, wie er sich den Raum nimmt, wie er mit einer Selbstverständlichkeit seine Taten relativiert, wie er damit der Frau die Luft zum Atmen nimmt, ihr die Stimme raubt. Meine Mandantin konnte nichts mehr sagen, sie verstummte aus Angst.

In vielen Partnerschaften gibt es nicht die *tägliche* Gewalteskalation. Viele Betroffene berichten mir, es reiche in ihren toxischen Beziehungen allein die *Möglichkeit*, dass es erneut zu Gewalt kommen könnte, um sie zu verunsichern, gefügig zu machen und «ruhigzustellen». Die Betroffenen schildern ein permanentes «Laufen auf Eierschalen», weil sie Angst vor der nächsten Eskalation haben. Wie soll unter diesen Bedingungen eine faire Verhandlung auf Augenhöhe möglich sein?

Das patriarchale System wird in Fällen von Partnerschaftsgewalt durch die juristische Praxis stabilisiert. Eine Durchbrechung des Kreislaufs ist kaum möglich, wenn Kinder in solchen Familiengeflechten aufwachsen und ungesunde Geschlechterrollen sowie dysfunktionale Partnerschaftsdynamiken übernehmen. Wenn Partnerschaftsgewalt in Kindschaftsverfahren ignoriert wird, dann hat das nicht nur massive Auswirkungen auf die Gesundheit der beteiligten Kinder, sondern auch auf die Zukunft des Gewaltschutzes in Deutschland insgesamt. Wenn wir präventiv etwas gegen Gewalt unternehmen wollen, müssen wir bei den Jüngsten beginnen. Studien belegen, dass Kinder, die Zeug*innen von Gewalt durch den einen Elternteil gegen den anderen Elternteil geworden sind, ein erhöhtes Risiko haben, später selbst zu Opfern oder Tätern zu werden.[10] Es geht also um weit mehr als «nur» um die eine Familie, über die ein Familiengericht entscheidet. In jedem Einzelfall geht es auch um die nachfolgenden Generationen, die die erlittene Gewalt erben und weitervererben.

Noch dramatischer wird es, wenn wir uns anschauen, welche gesellschaftlichen Auswirkungen autoritäre Erziehung hat. Menschen werden nicht als Gewalttäter oder Gewaltbetroffene geboren. Jede*r ist das Kind seiner Eltern und Teil einer Familie. Kinder wachsen bei Eltern auf, gegenüber denen sie sich positionieren, von denen sie sich abgrenzen wollen und von denen sie häufig doch mehr geprägt werden, als ihnen lieb ist. Es gibt Kinder, die schon früh Gewalt und Unterdrückung miterleben und diese auch im Kontakt mit anderen Kindern selbst ausüben.

«In der Kindheit erfahren wir, ob es im menschlichen Miteinander um Macht und Überlegenheit geht - oder aber um Vertrauen und Zusammenarbeit», schreibt der Kinderarzt Herbert Renz-Polster in seinem Buch «Erziehung prägt Gesinnung».[11] Wenn Kinder regelmäßig Zeug*innen von Partnerschaftsgewalt werden, prägt das natürlich das Bild von Partnerschaften, von Geschlechterrollen, vom eigenen Verhältnis Kindern gegenüber im erwachsenen Leben. Auch politische Einstellungen können sich daraus entwickeln. Der Anschluss an rechtsextreme Kreise und Gruppierungen wird häufig damit begründet, dass die äußeren Umstände die Menschen dazu «getrieben» hätten, Wirtschaftskrisen, Armut, soziale Benachteiligung. Es kommen häufig Argumente wie die fehlende Infrastruktur in Ostdeutschland, als ob ein fehlender Bus allein dazu führen würde, dass Menschen rechtsextrem werden. Diese Argumentation ignoriert die Tatsache, dass es *Menschen* sind, die sich faschistischen und reaktionären Gruppen und Bewegungen anschließen. Menschen, die das aus einer Überzeugung heraus tun, die einer inneren Haltung entspringt.[12] Und die Keimzelle solcher Überzeugungen ist häufig die Familie, in der Werte fürs Leben vermittelt werden. Wenn die Kinder dann noch erleben, dass die Institutionen die Gewalt in der Familie nicht ernst nehmen, ihren gewalttätigen Vätern keine Grenzen setzen, die Väter keine Konsequenzen erfahren, Familiengerichte psychische und wirtschaftliche Gewalt als solche gar nicht wahrnehmen, Richter*innen davon sprechen, dass «Gewalt gegen die Mutter das Kind nicht betreffe» und «ein schlechter Partner nicht automatisch ein schlechter Vater sei», dann reproduziert das System, in dem wir leben, patriarchale Strukturen und macht es nicht nur schwer, die Gewalt zu stoppen: Es hält die Gewalt aufrecht und damit auch die Machtstrukturen.

Gewaltprävention beginnt da, wo Menschen noch klein und ihren Familien ausgeliefert sind, in der abhängigen Beziehung zu ihren Eltern. Die vielen gewalttätigen (Ex-)Partner bzw. gewaltbetroffenen Frauen waren auch einmal Kinder. Wenn die Gesellschaft und ihre Institutionen bei der Prävention in diesem frühen Stadium so deutlich versagen, werden die Vorbeugung und Bekämpfung von Gewalt gegen Frauen in späteren Stadien immer schwieriger.

Ich erinnere mich an ein familiengerichtliches Verfahren, in dem der Sohn meiner Mandantin jahrelang miterleben musste, wie sein Vater seine Mutter misshandelte, bevormundete und unterdrückte. Der Vater sagte dem zu diesem Zeitpunkt fünfzehnjährigen Sohn, dass er «hart sein» müsse, dass nur «die Starken» weiterkämen, lebte ihm toxische und ungesunde Männlichkeitsbilder und Geschlechterrollen vor. Der gemeinsame Sohn stand unter Druck, er war bereits straffällig geworden, wollte aber dennoch beim Vater leben, brauchte ihn als Identifikationsfigur und wurde von ihm erheblich beeinflusst. Als wir im Sorgerechtsverfahren auf die massive Kindeswohlgefährdung hinwiesen, die Gefahren benannten, die von ihm für sein Umfeld ausgingen, und anregten, dass der Jugendliche zu seiner Mutter ziehen solle, wurden wir von der Richterin nicht ernst genommen. Als ich vor Gericht sagte, dass der Jugendliche auf dem Weg sei, Intensivtäter zu werden, belächelte die Richterin meinen Vortrag und gab uns im Beisein des gewalttätigen Vaters das Gefühl zu «übertreiben». Der Junge blieb bei seinem Vater und bekam keine weiteren Erziehungshilfen vom Jugendamt. Der Termin zur Entscheidung über das Sorgerecht und den Verbleib bei seinem Vater wurde verlegt und fand schließlich erst neun Monate später statt. Die Richterin wollte zunächst beobachten, wie sich der

Junge im Haushalt des Vaters entwickelte. In der Zwischenzeit wurde der Jugendliche achtmal straffällig und am Ende inhaftiert. Eine der Straftaten, die ihm vorgeworfen wurden, war sexualisierte Gewalt an einer Mitschülerin. Keiner der am Verfahren Beteiligten nahm die Gewalt des Vaters gegen die Mutter und die gewaltvolle Erziehung des Vaters ernst. Weder das Jugendamt noch die Verfahrensbeiständin oder das Familiengericht.

Mich hat dieser Fall in besonderem Maße betroffen gemacht. Ich habe den Leidensdruck des Jungen beim Termin am Familiengericht gesehen und gespürt. Ein Minderjähriger, der noch sein ganzes Leben vor sich hatte, wurde allein gelassen mit einem gewalttätigen Vater, und alle Stellen, die ihn hätten schützen müssen, sahen weg. Für mich hat sich hier noch einmal sehr deutlich gezeigt, was passieren kann, wenn die Institutionen Gewalt gegen Frauen und Kinder nicht ernst nehmen, wie sie von Generation zu Generation weitervererbt wird. Der jugendliche Sohn meiner Mandantin hat genau das Verhalten seines Vaters reproduziert.

Je mehr solcher Erfahrungen ich in Verfahren machte, desto unverständlicher wurde mir, wie Menschen ernsthaft sagen können, dass häusliche Gewalt eine private Angelegenheit ist. Häusliche Gewalt hat zweifellos sehr konkrete Auswirkungen auf unsere Gesellschaft, wenn die Gewalt über die Generationen weitergegeben wird. Das Wegschauen der Justiz, der Jugendämter und auch der Menschen in unserer Gesellschaft, die noch immer von «privaten Konflikten» sprechen, stabilisieren das System, das die Gewalt begünstigt und ermöglicht.

Im Laufe der Zeit ist auch mein Unverständnis den Richter*innen gegenüber gewachsen. Ich bin mittlerweile der Überzeugung, dass ein Problem darin liegt, dass das Familienrecht schon in der Ausbildung zu wenig Beachtung findet.

Wie können Richter*innen und auch andere Beteiligte diese Form der Gewalt verstehen, wenn im juristischen Studium das Familienrecht kaum eine Rolle spielt, geschweige denn die Dynamiken in dysfunktionalen Partnerschaften? Wenn Geschlechterdifferenzen, Benachteiligung, Diskriminierung und soziale Ungerechtigkeiten einen so geringen Stellenwert haben? Dass das Familienrecht als einer der politischsten Bereiche der Rechtswissenschaft im Studium stiefmütterlich behandelt wird und ein intersektionaler feministischer Blick auf das Recht im Studium fast vollständig fehlt, hat seine Gründe. Einer der naheliegendsten ist, dass die bestehenden Strukturen ungern angetastet werden und die klassische heteronormative Familie als Ideal weiter bestehen soll.

2. Akteure im Hintergrund: Verfahrensbeistandschaft und Gutachter*innen

In Verfahren vor Familiengerichten kommt einer in der Öffentlichkeit so gut wie unbekannten Instanz immenses Gewicht zu: der Verfahrensbeistandschaft. Verfahrensbeistände sollen im Verfahren ausschließlich die Interessen und Bedürfnisse der Kinder ermitteln und ihren Willen zur Geltung bringen – unabhängig vom Interesse beider Elternteile. Sie haben einen großen Anteil an der Urteilsfindung: In einem Forschungsprojekt von 2006 gaben 90 Prozent der befragten 512 Familienrichter*innen an, die Tätigkeit von Verfahrensbeiständen als hilfreich oder zumindest «etwas hilfreich» für die Entscheidung zu empfinden.[13]

Das Familiengericht kann und muss bei bestimmten Konstellationen in Kindschaftsverfahren einen «fachlich und persönlich geeigneten» Verfahrensbeistand beauftragen. Bei einem Umgangsverfahren ist das Gericht dazu verpflichtet. Verfahrensbeistände besuchen die Kinder und Eltern in der Regel in den jeweiligen Haushalten, sprechen mit allen Beteiligten und machen sich einen Eindruck von der Familie. Regelmäßig bleibt es bei einem einzigen persönlichen Treffen mit dem jeweiligen Elternteil zusammen mit dem Kind, manchmal findet auch nur ein Telefonat statt. Die Treffen sind belastend für die Familien, weil die Eltern wissen, dass sehr viel von dieser einen Begegnung abhängt. Häufig übertragen sich die Angst und der Druck auf die Kinder.

Mandant*innen schilderten mir oft, dass die Kinder nicht ohne ihre Anwesenheit mit den fremden Verfahrensbeiständen reden wollten. In mehreren Verfahren bewerteten die Verfahrensbeistände negativ, dass die Mütter ihre Kinder nicht direkt mit ihnen allein reden ließen. In einem Fall wollte die Mutter das traurige und verängstigte fünfjährige Kind, das nicht sofort mit der Beiständin mitgehen wollte, erst einmal beruhigen. Sie bat die Beiständin, bei dem Gespräch dabei sein zu dürfen, weil das Kind große Angst habe. In der Stellungnahme der Verfahrensbeiständin wurde diese Situation detailreich beschrieben, aber statt zu schlussfolgern, dass es sich hier um eine mitfühlende Mutter handelte, die ihr weinendes Kind nicht allein lassen wollte, machte die Verfahrensbeiständin der Mutter ihr zugewandtes Verhalten zum Vorwurf. Die Mutter beeinflusse das Kind negativ, hieß es in der Stellungnahme, und das wiederum deute darauf hin, dass sie nicht «bindungstolerant» sei – zu diesem Ergebnis kam die Verfahrensbeiständin nach einem dreißigminütigen Aufenthalt bei der Familie.

Bindungstoleranz ist die Fähigkeit eines Elternteils, die Beziehung des Kindes zum anderen Elternteil zu fördern und zu unterstützen. Es ist ein höchst problematischer Begriff in der Familienrechtspraxis. Dass Verfahrensbeistände, die hinzugezogen werden, um die Interessen der Kinder zu vertreten, den Druck, den die Kinder in ihren häufig bereits emotional schwierigen Situationen empfinden, nicht sehen, ist unverständlich. Dem Schutz des Kindeswohls, um den es ja letztlich im familiengerichtlichen Verfahren immer gehen soll, wird eine solche Haltung nicht gerecht.

Die Empfehlungen der Verfahrensbeistände entsprechen häufig ihren persönlichen Einstellungen zu einem bestimmten Thema. Es gibt Verfahrensbeistände, die durch die Kinder von der Gewalt des Vaters gegen die Mutter und gegen die Kinder erfahren und diese relativieren: «Man muss jetzt nach vorn schauen.» Es gibt Verfahrensbeistände, die gewaltbetroffenen Müttern «Frauenhaus-Hopping» vorwerfen, wenn sie in ein anderes Frauenhaus ziehen, nachdem der Vater die Anschrift des bisherigen herausgefunden hat, statt das Stalking des Vaters zu verurteilen. Sie beurteilen das Verhalten der Mutter als kindeswohlschädlich - und verdrehen damit Ursache und Wirkung. In einem Verfahren, in dem ich ein Anti-Gewalt-Training für den Kindesvater gefordert hatte, sagte die Verfahrensbeiständin in Anwesenheit des gewalttätigen Expartners, dass das nichts bringen würde, da er «ja nur der Mutter gegenüber gewalttätig war». Diese Aussage war eine katastrophale Kompetenzüberschreitung. Die Verfahrensbeiständin konnte genauso wenig wie ich oder die Richterin wirklich wissen, ob der Kurs sinnvoll wäre oder nicht, aber das Gericht ließ sich von der Aussage beeindrucken, lächelte meine Forderung nach einem Anti-Gewalt-Training weg und sprach von einer «Empfehlung der Verfahrensbeistandschaft». Es sind diese kleinen, aber für die Mandant*innen so gewaltvollen Momente, die mir in familiengerichtlichen Verfahren zeigen, dass es keine einheitlichen Qualitätsstandards bezüglich der Verfahrensbeistände gibt. Für die gewaltbetroffenen Mütter und Kinder hat das gravierende Folgen.

In Deutschland wird oft willkürlich über Familien und Kinder bestimmt, die teilweise das Pech haben, an Verfahrensbeistände zu geraten, die blind sind für Machtstrukturen und Dynamiken gewaltvoller, toxischer Partnerschaften. Verfahrensbeistände müssen zu den Folgen von Partnerschaftsgewalt für Kinder geschult werden. Sie müssen verstehen, was für unterschiedliche und manchmal auch widersprüchliche Verhaltensweisen die Gewalt im Haushalt bei Kindern auslöst. Gerade die angepassten Kinder, die keine Auffälligkeiten zeigen, leiden häufig besonders. Und es gibt Kinder, die sich aufgrund von Loyalitätskonflikten oder aufgrund von Angst positiv gegenüber ihren gewalttätigen Vätern äußern. Kinder lieben ihre Eltern oftmals bedingungslos und befinden sich in einem Abhängigkeitsverhältnis zu ihnen. Statt hier genauer hinzusehen, wirft man der Mutter vor, Gewaltvorfälle vorzubringen, um die Kinder zu manipulieren und den Vater in ein schlechtes Licht zu rücken. Dass eine so wichtige und einflussreiche Position wie der Verfahrensbeistand in familiengerichtlichen Verfahren so fahrlässig besetzt wird, zeigt noch einmal sehr deutlich, wie wenig Priorität dieses Land dem Wohl der Kinder beimisst.

Bis Anfang 2022 gab es keinerlei Einschränkungen hinsichtlich des beruflichen Hintergrunds der Verfahrensbeistandschaft. Verfahrensbeistände in familiengerichtlichen Verfahren konnten auch «engagierte Laien» sein.[14] So konnte quasi jede*r als Verfahrensbeistand bestellt werden und Schicksale von Familien und insbesondere Kindern beeinflussen, auch Bewegungstherapeut*innen oder Wirtschaftswissenschaftler*innen. Erst seit Anfang 2022 bestimmt das Gesetz (§ 158a FamFG) die Anforderungen an fachliche Kenntnisse der Verfahrensbeistände genauer. Eine Eignung, so heißt es darin, ist insbesondere (aber nicht ausschließlich!) über den Nachweis einer sozialpädagogischen, pädagogischen, juristischen oder psychologischen Berufsqualifikation festzustellen. Außerdem muss jetzt ein Nachweis über die Zusatzqualifikation als Verfahrensbeistand über eine Ausbildung erworben werden. Der Verfahrensbeistand muss sich seither regelmäßig, mindestens alle zwei Jahre, fortbilden und das dem Gericht auf Verlangen nachweisen.

Das ist ein wichtiger Schritt. Meine Erfahrungen aus den Jahren vor 2022 zeigen, wie unglaublich wichtig eine angemessene Qualifikation ist. Trotzdem ist es noch immer so, dass wir viel zu wenig wissen über die jeweiligen Ausbildungen und Qualifikationen der Verfahrensbeistände und vor allem auch darüber, nach welchen Kriterien das Familiengericht sie auswählt. Es gibt, wie schon gesagt, keine einheitlichen Qualitätsstandards für die Ausbildung. Das wird selbst vom Bundesverband der Verfahrensbeistände in der Stellungnahme zur Gesetzesänderung kritisiert.[15]

Zudem haben unseriöse Lobbyorganisationen aus teils sehr konservativen bis hin zu rechtsextremen Kreisen sowie liberale Männerverbände in den letzten Jahren erheblichen Einfluss auf die Ausbildung von Verfahrensbeistandschaften genommen. Es gibt keine Kontrollinstanz in Deutschland, die prüft, was in den jeweiligen Ausbildungen der Verfahrensbeistandschaften gelehrt wird.[16] Eine Studie der Hochschule für angewandte Wissenschaft und Kunst Hildesheim/Holzminden/Göttingen (HAWK) zur Geeignetheit von Verfahrensbeiständen aus dem Jahr 2017 kam zu dem Ergebnis, dass 76 Prozent der 404 befragten Familienrichter*innen bei der Bestellung des Verfahrensbeistands absolvierte Weiter- und Fortbildungen nicht vermerkten. Dagegen gaben 94 Prozent der befragten Familienrichter*innen als Auswahlkriterium an, dass die Verfahrensbeistände dem Gericht aus anderen

Verfahren persönlich bekannt sind, man also schon einmal zusammengearbeitet hat. Nur 47 Prozent gaben als Auswahlkriterium an, dass die betreffende Person eine Weiterbildung zum Verfahrensbeistand absolviert und nachgewiesen hat. Lediglich 2,3 Prozent nannten die Vorlage eines erweiterten Führungszeugnisses als Auswahlkriterium.[17]

Richter*innen können die Verfahrensbeistände frei auswählen. Wenn sie bereits mehrere Jahre eng mit einem Verfahrensbeistand zusammengearbeitet haben, wissen sie häufig ziemlich genau, welche Empfehlungen die Person aussprechen wird, wenn sie sie für einen Fall bestellen. Wollen Richter*innen also auf eine bestimmte Entscheidung hinaus, können sie diese durch die Wahl des Verfahrensbeistands beeinflussen. Zugleich sind Verfahrensbeistände finanziell darauf angewiesen, dass die Richter*innen sie in Zukunft bei anderen Verfahren wieder einsetzen. Das heißt, es kann sehr schnell ein Abhängigkeitsverhältnis zwischen den Beteiligten entstehen, das missbrauchsanfällig ist.

Ein weiteres großes Problem ist die Tatsache, dass in familiengerichtlichen Verfahren Verfahrensbeistände nicht abgelehnt werden können, wenn Befangenheit befürchtet wird. Der Verfahrensbeistand ist im Gegensatz zum Sachverständigen und zum Dolmetscher nicht zur Neutralität verpflichtet, er soll vielmehr die Interessen des Kindes im Verfahren vertreten und allein das Kindeswohl berücksichtigen. Es gibt keine offizielle Möglichkeit der anderen Verfahrensbeteiligten – beispielsweise der Mutter –, die Bestellung eines Verfahrensbeistands anzufechten (§ 158 V FamFG). Sie können eine Entpflichtung allenfalls informell «anregen» – diese dann vorzunehmen, weil andernfalls die Interessen des Kindes gefährdet wären, liegt jedoch im Ermessen des Gerichts.[18] Wird die Verfahrensbeistandschaft tatsächlich aufgehoben, ist dennoch fraglich, ob das zu einer anderen Entscheidung führt, denn die Familiengerichte können natürlich erneut Verfahrensbeistände beauftragen, deren Empfehlung sie bereits vorhersehen und einplanen.

In Gesprächen mit Sozialarbeiter*innen, die in Schutzeinrichtungen für gewaltbetroffene Frauen arbeiten, höre ich viele weitere bittere Erfahrungen. Es wird mir berichtet, dass Verfahrensbeistände sehr häufig der Agenda folgen, den Umgang mit dem gewalttätigen Vater unter allen Umständen so schnell wie möglich wieder einzuleiten – das Kind würde, so die Ansicht, immer vom Umgang mit beiden Elternteilen profitieren. Dabei handelt es sich nicht etwa um ein reines Hirngespinst der Verfahrensbeistände. Im Bürgerlichen Gesetzbuch wird als «Regelvermutung» in § 1626 Abs. 3 festgelegt: «Zum Wohl des Kindes gehört in der Regel der Umgang mit beiden Elternteilen.»

Eine Regelvermutung bedeutet, dass die Gerichte von einem Umstand ausgehen dürfen, solange kein Gegenbeweis erbracht ist. Zwar gilt im Familienrecht der Amtsermittlungsgrundsatz – Gerichte müssen von sich aus den Sachverhalt aufklären, ohne dass es darauf ankäme, dass die Verfahrensbeteiligten selbst alle Beweise in das Verfahren einbringen –, doch haben die Gerichte kaum die Ressourcen für eine umfassende Amtsermittlung. Deshalb haben Vermutungsregeln wie § 1626 Abs. 3 BGB eine besondere Bedeutung: Wenn eine Kindeswohlgefährdung durch den Umgang nicht akribisch nachgewiesen ist, kann pauschal von einer *Kindeswohldienlichkeit* ausgegangen werden. Dass gerade die Verfahrensbeistände, deren Aufgabe es sein sollte, mit aufzuklären, ob im konkreten Fall der Umgang entgegen der gesetzlichen Vermutung nicht doch kindeswohlgefährdend wäre, sich gleichfalls auf diesen allgemeinen Grundsatz zurückziehen, ist fatal.

Die Sozialarbeiterin eines Frauenhauses erzählte mir, dass sie eine Bewohnerin zu einem Termin bei einer Verfahrensbeiständin begleitete und bei den Gesprächen mit der Mutter und dem Kind anwesend sein durfte. Sie war entsetzt über das, was sie später im Bericht der Verfahrensbeiständin las. Sie hatte das Gefühl, an einem anderen Gespräch teilgenommen zu haben. Häufig berichten mir Frauen, aber auch Kinder, dass die Berichte nicht dem entsprechen würden, was besprochen wurde. Ein Problem hierbei ist, dass die Befragungen nicht dokumentiert werden und nicht vor Zeug*innen stattfinden müssen.

In den oft nur kurzen Treffen mit den Verfahrensbeistandschaften wird kaum nach der Historie der Elternbeziehung und Partnerschaft gefragt. Wenn ein Kind den Vater nicht mehr sehen möchte oder die Mutter das Kind oder sich vor dem Vater schützen will, wird häufig nicht nach Gründen dafür geforscht. Das Mantra lautet: «Wir müssen in die Zukunft schauen und eine gemeinsame Lösung finden. Das Vergangene ist vergangen.» Die Gewaltbetroffene soll die Gewalt am besten verdrängen und gar nicht mehr erwähnen. Im Mittelpunkt des Kindschaftsverfahrens stehen das Kindeswohl und die Väterrechte. Was dagegen, neben dem Schutz der gewaltbetroffenen Kindesmutter, keine Rolle spielt: Täterarbeit. Aber wie soll eine «gemeinsame Lösung» langfristig aussehen, wenn nicht an den Tätern gearbeitet wird? Ein gewalttätiger Partner, der vermutlich aufgrund seiner eigenen Kindheitsgeschichte selbst traumatisiert ist, wird nach der Trennung nicht von einem Tag auf den anderen mit der Gewalt aufhören, wenn er sich damit nicht auseinandersetzt. Die nicht bearbeitete Aggression wird sich im Umgang mit der Mutter, dem Kind, aber auch in neuen Partnerschaften zeigen. Täterarbeit würde auch präventiv alle potenziellen neuen Partner*innen und gemeinsamen Kinder vor Gewalt schützen.

Ich erinnere mich an einen Fall, bei dem ich für die Mandantin einen Gewaltschutzbeschluss erwirkt hatte, der

Expartner durfte ihr nicht mehr näher kommen. Trotz des Beschlusses lud die Verfahrensbeiständin die Beteiligten zu sich ins Büro, um mit ihnen eine Regelung hinsichtlich des Umgangs zu vereinbaren. So wurde das Kontaktverbot völlig übergangen und der Gewaltschutz ausgehöhlt. Ich erfuhr erst nach dem Gespräch von diesem Treffen. Die Mandantin rief destabilisiert bei mir an und erzählte mir, dass sie aus Angst vor der Reaktion ihres Expartners allem zugestimmt hätte. Sie hatte die Einladung der Verfahrensbeiständin erhalten und war ihr gefolgt, weil sie befürchtete, sonst Nachteile im Prozess zu haben. Die Situation allein mit dem Vater im Büro der Beistandschaft hatte sie massiv unter Druck gesetzt. Die Verfahrensbeiständin sagte ihr, dass sie als Mutter die Interessen des Kindes im Blick haben müsse, und dazu gehöre der regelmäßige Kontakt mit dem Vater. Die Gewalt gegen die Mutter wurde mit keinem Wort thematisiert. Sie hatte die Mandantin einer Gefahrensituation ausgesetzt, obwohl sie von dem Näherungsverbot wusste. Die Mandantin verlor durch diese Erfahrung ihr Vertrauen in die Institutionen und ins Familiengericht und zog sich immer weiter zurück. Im Termin beim Familiengericht sagte sie kein Wort mehr. Ich sprach für sie als Anwältin, aber sie hatte zu Recht das Gefühl, dass sie keine Chance mehr hatte. Sie hatte von Beginn an keine echte Chance, weil sie weder gesehen noch gehört wurde.

Familiengerichte stützen ihre Entscheidungen inhaltlich in großem Maße auf die Bewertung der Verfahrensbeiständ*innen. Ein wichtiger Grund, warum die Entscheidungsfindung derart ausgelagert wird, ist der chronische Zeitmangel an Familiengerichten. Der Personalbedarf der Justiz wird nach dem von einer Consulting-Firma im Auftrag der Justizministerkonferenz entwickelten Personalbedarfberechnungssystem PEBB§Y berechnet. Dabei werden Durchschnittswerte für einzelne Verfahren gebildet, die mit einer sogenannten «Durchschnittlichen Bearbeitungszeit in Minuten» bewertet werden. Diese beträgt derzeit für ein Sorge- oder Umgangsrechtsverfahren ca. 222 Minuten.

Die Überlastung und die Dienstpflicht, nicht zu weit von den «Durchschnittsbearbeitungszeiten» abzuweichen, führen zu einem hohen Erledigungsdruck. Richter*innen können selbst in hocheskalierten Fällen mit häuslicher Gewalt nicht genau hinschauen. Auch deshalb bevorzugen sie häufig eine «einvernehmliche Lösung», also ein Ende des Verfahrens durch einen Vergleich (Vereinbarung beider Seiten vor Gericht) oder eine Streitbeilegung durch Mediationen. Aber gerade die Beurteilung von Fällen mit familiären Konflikten, insbesondere von Fällen mit Gewaltbezug, braucht mehr Zeit: Zeit, um mit allen Beteiligten zu reden, ihnen zuzuhören und Eindrücke zu gewinnen. Zeit, um sich mit dem Jugendamt, Verfahrensbeiständen, Gutachter*innen, Schulen, Ärzt*innen und anderen relevanten Akteuren auszutauschen.

Nach dem geltenden Prozessrecht soll das Familiengericht in Umgangsverfahren möglichst innerhalb eines Monats nach Beginn des Verfahrens einen familiengerichtlichen Termin anberaumen.[19] Wie soll das Gericht, wie das Jugendamt oder der Verfahrensbeistand in dieser kurzen Zeit ein Bild von der Familie gewinnen? Wie oben gezeigt, führt das sehr häufig dazu, dass häusliche Gewalt in Umgangsverfahren nicht zur Sprache kommt. Meine Erfahrung ist, dass Familienrichter*innen die Zeit für die gesetzlich vorgeschriebene Amtsermittlung fehlt. Auch die vom Gesetz eingeräumten Ermessensspielräume bei der Verfahrensgestaltung – beispielsweise die Möglichkeit einer getrennten Anhörung der Eltern oder ein Absehen vom sogenannten Hinwirken auf Einvernehmen – werden zu selten genutzt, ebenfalls aufgrund von Zeitmangel.[20]

Dass Familiengerichte die Verfahren möglichst schnell beenden (bevorzugt mit einer einvernehmlichen Lösung) und sich nicht lange und umständlich mit der Vorgeschichte der Familien auseinandersetzen wollen, hat mit Geld, Prioritäten und Interessen zu tun. Das Gesetz schreibt Gerichten sogar vor, in Gewaltschutzsachen gerade nicht vorrangig auf eine «gütliche Einigung» zwischen den Parteien hinzuwirken, die das Verfahren schneller beenden würde. Doch sieht die Erfahrung in der Praxis häufig anders aus.[21] Wenn Familienrichter*innen wenig Zeit für die Bearbeitung ihrer Fälle haben, weil es an den Gerichten an Personal fehlt, ist das die Konsequenz einer politischen Entscheidung, die deutlich signalisiert, dass Familien, Frauen und Kinder in dieser Gesellschaft eine untergeordnete Rolle spielen.

Um eine Veränderung innerhalb der Justiz zu bewirken und, wie von der Istanbul-Konvention vorgeschrieben, häusliche Gewalt in Kindschaftsverfahren zu berücksichtigen, müsste man auch hier ansetzen. Eine Lösung bestünde darin, auf häusliche Gewalt spezialisierte Abteilungen an Familiengerichten einzurichten, mit eigens ausgebildeten und fortgebildeten Richter*innen, die genügend Zeit und Ressourcen haben, um ihrer Verantwortung, über Familienschicksale und die Zukunft von Kindern zu entscheiden, gerecht werden zu können. In der Magna Charta der Richter (Europarat) steht: «Aus- und Fortbildung ist ein wichtiges Element, um (...) die Qualität und Effizienz des Justizwesens zu gewährleisten.»[22]

Aber es reicht nicht aus, nur bei der fachlichen Qualifikation anzusetzen. Diese besitzen Jurist*innen in Deutschland, die es bis ins Richteramt schaffen. Mir geht es um die *menschlichen* Fähigkeiten. Unsere Gesellschaft braucht keine Subsumtionsmaschinen, die vermeintlich neutral, zuverlässig, nüchtern, sachlich sind, aber kalte Entscheidungen über *Menschen*leben treffen. Es werden schon seit Jahrzehnten Pflichtfortbildungen für Richter*innen gefordert, aber bisher konnte das nicht durchgesetzt werden. Die richterliche Unabhängigkeit sei dadurch in Gefahr. Aber wenn Richter*innen nichts von häuslicher Gewalt, den Dynamiken in dysfunktionalen Beziehungen verstehen, dann sind ganz konkret Menschenleben in Gefahr.

Ein weiteres Problemfeld neben den Verfahrensbeistandschaften sind die Sachverständigengutachten an deutschen Familiengerichten. Aufgrund von Zeitmangel, chronischer Überlastung, aber vor allem, weil den Familiengerichten Expertise und Kenntnisse fehlen, lagern Richter*innen Teile der Entscheidungsfindung immer häufiger aus und lassen Gutachten erstellen, die am Ende ihre Entscheidungsgrundlage bilden. Gutachter*innen treffen über einen längeren Zeitraum (Monate, teilweise sogar bis zu einem Jahr oder länger) die jeweiligen Elternteile, sprechen mit ihnen allein und beobachten die Interaktionen der Eltern mit ihren Kindern. Am Ende schreiben sie ein ausführliches Gutachten zu den Fragen, die ihnen das Gericht gestellt hat.

Die Erstellung von Gutachten für Familiengerichte ist mittlerweile zu einem lukrativen Geschäft geworden. In keinem anderen Rechtsgebiet werden pro Prozess so viele Gutachten beauftragt: Im Jahr 2015 wurden 270 000 Gutachten an deutschen Familiengerichten in Auftrag gegeben (bei ca. 680 000 in diesem Jahr erledigten familiengerichtlichen Verfahren, das heißt, es wird in etwa 40 Prozent aller Verfahren ein Gutachten zurate gezogen).[23] Zum Vergleich: An allen deutschen Zivil-, Arbeits-, Finanz- und Verwaltungsgerichten wurden im Jahr 2015 insgesamt 30 000 Gutachten beauftragt.

Das Problem dieser Gutachten ist, dass damit die Ermittlungsarbeit, die Aufgabe des Gerichts ist, an Private weitergegeben wird. Juristisch wird hier getrennt zwischen der reinen Tatsachenermittlung, das heißt der möglichst detaillierten faktischen Aufklärung der tatsächlichen Lage, und der Rechtsfindung, das heißt der rechtlichen Beurteilung derselben. Während die Tatsachenermittlung an Expert*innen ausgelagert werden kann und der Einsatz von Gutachter*innen gesetzlich sogar ausdrücklich vorgesehen ist, müssen Gerichte die rechtliche Bewertung vornehmen. Diese juristische Trennung ist bei genauerer Betrachtung eine künstliche: Denn in Gutachten wird nicht nur ein faktischer Zustand beschrieben, es werden auch Empfehlungen gegeben. Kaum eine Richter*in entscheidet – jedenfalls meiner Erfahrung nach – entgegen den Empfehlungen der Sachverständigen.[24] Dafür müsste er oder sie ausreichend begründen, weshalb der gerichtliche Schluss anders ausfällt als der der Sachverständigen. Dazu aber fehlt zum einen die Expertise und zum anderen die Zeit.

Ein weiteres Problem einer solchen Privatisierung der Rechtsfindung ist, dass damit in den Rechtsschutz ein Element eingeführt wird, das dort nichts zu suchen hat: wirtschaftlicher Gewinn. Die Tatsache, dass Gutachten an private Anbieter gegen finanzielle Gegenleistung vergeben werden, sorgt notwendigerweise dafür, dass ein Markt für Gutachten entsteht. In der bereits zitierten Untersuchung von Dr. Wolfgang Hammer wird ein Jahresumsatz berechnet, der sich auf 2,16 Milliarden Euro beläuft.[25] Auf diesem Markt konkurrieren selbstständige und abhängige Gutachter*innen sowie Gutachterbüros um Aufträge, und es herrscht der übliche Preisdruck, den Markt und Wettbewerb auslösen. Die Gutachten müssen dadurch nicht zwangsläufig schlechter werden, aber Qualität ist nicht der einzige Maßstab. Das System birgt die Gefahr, dass Gutachter*innen nicht neutral auf den Fall blicken, sondern versuchen, die Haltung des Auftraggebers zu antizipieren – weil sie von seinem Geld abhängig sind. Rechtsschutz für gewaltbetroffene Frauen und Kinder wird damit zur Ware.

Eine Studie von 2011/2012 kam zu dem Ergebnis, dass je nach Kriterium ein Drittel bis zu mehr als die Hälfte der von Familiengerichten in Auftrag gegebenen Gutachten in Deutschland mangelhaft sind. Es fehlen, wie wissenschaftlich eigentlich gefordert, leitende Arbeitshypothesen, die Datenerhebung erfolgt unsystematisch oder ist mit methodischen Mängeln versehen.[26] Wenn jedes zweite Gutachten, das die Grundlage der richterlichen Entscheidung bildet, nicht den Qualitätsstandards entspricht, die an Familiengerichten bestehen sollten, kommt das Gerichtsverfahren einem Glücksspiel gleich.

Beauftragt das Familiengericht für einen Fall ein*en Gutachter*in, erhöhen sich die Verfahrenskosten. Wolfgang Hammer schätzt in seiner Bestandsaufnahme zum Familienrecht das durchschnittliche Honorar für ein Gutachten auf 8000 Euro.[27] Die entstehenden Kosten werden – wenn keine Verfahrenskostenhilfe vom Staat gewährt wird – von den Verfahrensbeteiligten getragen. In der Regel werden die Verfahrenskosten hälftig zwischen den Eltern aufgeteilt. Viele meiner Mandant*innen können sich die Verfahrenskosten dann nicht mehr leisten. Im gerichtlichen Verfahren sehen sie sich oft gezwungen, einer Einigung zuzustimmen. Die Beauftragung von Gutachter*innen ist mittlerweile zu einem mindestens unbewussten Druckmittel der Gerichte geworden.

Ich erinnere mich an mehrere Verfahren, in denen Mütter den Umgang zwischen Kind und Vater nicht unbegleitet zulassen wollten, weil sie Gewalt durch den Vater befürchteten. Das Gericht drängte sie zu einer Einigung, die nicht in ihrem Schutzinteresse war, «damit kein Gutachten mehr in Auftrag gegeben werden muss». Die Frauen resignieren häufig an diesem Punkt, denn sie wissen, dass ein Verfahren mit Gutachter*innen langwierig, stressig und teuer werden wird. Und vor allem, dass solche Verfahren aufgrund mangelhafter Gutachten häufig kein befriedigendes, gerechtes Ende finden. Die wirtschaftlich bessergestellte Partei, häufig der Vater, der zusätzlich zu seinen wirtschaftlichen Ressourcen noch über zeitliche verfügt, da er in der Regel nicht das Kind betreuen muss, profitiert hingegen von der Situation. Dieses Machtgefälle wird von der Justiz nicht berücksichtigt, wenn sie die Beteiligten unter Verweis auf sonst nötige Gutachten zu einer Einigung drängt. Sie sieht nicht, dass die eine Seite häufig keine andere Wahl hat, als der Einigung, dem Vergleich, zuzustimmen.

Eine Möglichkeit, dieses Machtgefüge zu verändern, wäre die Vergabe von Gutachten an staatliche Institutionen, speziell eingerichtete Abteilungen beim Jugendamt beispielsweise. Sicherlich würde das den Staat etwas kosten, denn die Jugendämter sind, wie schon beschrieben, seit Jahren chronisch unterbesetzt und unterfinanziert, aber Investitionen in diesem Bereich könnten eine Veränderung bewirken, die die gerichtliche Praxis gerechter macht und diejenigen schützt und gleichstellt, die wirtschaftlich benachteiligt sind. Ein fairer Gerichtsprozess darf nicht von der Einkommenssituation der Beteiligten abhängen.

3. Mehr als nur eine Fahrlässigkeit des Staates: Gewalt gegen Frauen als Menschenrechtsverletzung

Frauen, die von Partnerschaftsgewalt betroffen sind, erleben Verletzungen ihrer elementaren Grundrechte, wie etwa die Verletzung ihres Rechts auf körperliche Unversehrtheit bis hin zur Verletzung ihres Rechts auf Leben. Grund- und Menschenrechtsverletzungen können zwar aus juristischer Sicht nicht durch Einzelpersonen, sondern nur durch den Staat erfolgen. Doch die Gewalt der (Ex-)Partner wird in dem Moment zur Verletzung von Grund- und Menschenrechten, wenn der Staat es nicht schafft, die Grundrechte vor diesen Beeinträchtigungen zu schützen. So kann der Staat Menschenrechte verletzen, auch wenn die verletzende Handlung nicht direkt von ihm ausgeht: beispielsweise wenn der Staat keinen effektiven Gewaltschutz bietet und nicht vor weiterer Gewalt schützt, obwohl es bereits Gewaltvorfälle gab und eine permanente Bedrohungssituation vorliegt.[28]

Eine immer wiederkehrende Bedrohungssituation ist die Übergabe von Kindern bei Umgangsbesuchen. Hier gelingt es dem Staat sehr häufig nicht, die gewaltbetroffenen Frauen vor weiterer Gewalt zu bewahren, und er zwingt sie sogar dazu, sich immer wieder in eine für sie akut gefährliche Situation zu begeben und sich den Drohungen, Beleidigungen und im schlimmsten Fall körperlichen Angriffen des Expartners auszusetzen.

Wie gefährlich es ist, bei Umgangsbeschlüssen vorangegangene Gewalt zu ignorieren, mussten 2003 Angela González Carreño und ihre sechsjährige Tochter Andrea in Spanien erfahren. González Carreño hatte 1999 ihren Ehemann nach langjähriger häuslicher Gewalt verlassen und die damals dreijährige Andrea in ihren Haushalt mitgenommen. Im Anschluss startete sie eine Vielzahl familiengerichtlicher Verfahren: Sie beantragte die Scheidung, das alleinige Sorgerecht und die Beschränkung oder Begleitung von Umgangskontakten ihres Exmanns. Nachdem es bei der Kindesübergabe zu gewalttätigen Übergriffen des Expartners kam, dieser Angela González Carreño vor ihrer gemeinsamen Tochter bedrohte und sogar versuchte, Andrea gegen ihren Willen mitzunehmen, beantragte González Carreño außerdem Näherungsverbote für sich und die Tochter – nach eigenen Angaben wandte sie sich über dreißigmal an Behörden und Gerichte.

Die spanischen Gerichte ordneten dennoch einen Umgang an, und die zwischenzeitliche Umgangsbegleitung wurde 2002 wieder aufgehoben, sodass es zu unbegleiteten Kontakten kam. Diese sollten der Stärkung der Vater-Tochter-Beziehung dienen und wurden von den Sozialdiensten empfohlen – obwohl Andrea ihnen gegenüber angab, nicht mehr Zeit mit ihrem Vater verbringen zu wollen, auch wegen seiner abfälligen Bemerkungen über ihre Mutter. Der Kindesvater äußerte schließlich 2003 in einer Anhörung gegenüber González Carreño, er werde sich nehmen, was sie am meisten liebe. Einen Tag später stand ein unbegleiteter Umgangskontakt an – der Expartner tötete seine sechsjährige Tochter und im Anschluss sich selbst.

Dieser Fall ist zu trauriger Bekanntheit gelangt, weil der UN-Frauenrechtsausschuss 2014 darüber entschied. Nachdem Angela González Carreño sich in Spanien erfolglos durch sämtliche Instanzen geklagt hatte, um zumindest eine Feststellung der Rechtswidrigkeit des Verhaltens von Behörden und Gerichten zu erreichen und Schadensersatz zu erhalten, wandte sie sich an die UN. Der Ausschuss stellte eine Verletzung der Frauenrechtskonvention durch den spanischen Staat fest: Indem die Gerichte trotz des bekannten Kontexts häuslicher Gewalt einen unbegleiteten Umgang anordneten, verletzten sie die Menschenrechte von Angela González Carreño.[29] Auf dramatische Weise zeigt sich hier, dass der Schutz von Frauen und der von Kindern im Kontext häuslicher Gewalt eng zusammenhängen. Spätestens durch diese Entscheidung sollte klar sein: Die Gewährung unbegleiteten Umgangs im Kontext häuslicher Gewalt ist eine Menschenrechtsverletzung.

Leider erfahre ich immer wieder, wie wenig dies an deutschen Familiengerichten berücksichtigt wird. Ich erinnere mich an einen Fall, in dem die Mandantin mit ihrer Tochter in ein Frauenhaus flüchtete und nach nur wenigen Wochen eine Ladung zum Familiengericht bekam, weil der Vater den Umgang mit dem Kind beantragt hatte. Das Gericht und das Jugendamt kamen im Termin zu dem Ergebnis, dass unabhängig von der Gewalt gegen die Mutter der Umgang von Vater und Kind in jedem Fall zum Wohle des Kindes sei und möglichst zeitnah eingeleitet werden müsse. Vier Wochen nach der Flucht ins Frauenhaus musste meine Mandantin ihren Expartner auf offener Straße treffen, um das gemeinsame Kind zu übergeben. Sie brachte ihm das Kind nicht zu ihm nach Hause, weil ihr das zu gefährlich schien. Sie wusste, wozu ihr Expartner in der Lage war. Bei der ersten Übergabe lief alles gut, bei der zweiten Umgangsübergabe brach der Kindesvater ihr vor dem Kind, unbeeindruckt von den Passant*innen, das Nasenbein. Erst danach wurde der Umgang mit der gemeinsamen Tochter für ein paar Monate ausgeschlossen. Der Vater verlor daraufhin das Interesse an dem Kontakt mit dem Kind und bemühte sich später nicht mehr um den Umgang.

Umgangsverfahren sind nach der Trennung für gewalttätige Väter häufig die einzige Möglichkeit, wieder Kontakt zur Expartnerin herzustellen, insbesondere wenn diese an einen ihnen unbekannten Ort geflüchtet ist. Durch die Trennung erleben die Expartner oft einen so enormen Macht- und Kontrollverlust, dass alle Mittel genutzt werden, um die Kontrolle und das Machtverhältnis wiederherzustellen. Und das auch mithilfe der staatlichen Institutionen. Das Umgangsverfahren ist dabei ein sehr dankbares Instrument: Aufgrund des gesetzlichen Beschleunigungsgebots muss das Familiengericht innerhalb weniger Wochen nach der Antragstellung durch den Expartner einen Gerichtstermin anberaumen, und der Expartner kann innerhalb kürzester Zeit nach der Trennung wieder persönlich auf seine Expartnerin treffen.

Immer wieder offenbart sich die perfide Logik des Gerichts. Ich habe mehrmals erlebt, dass vom Familiengericht Saalschutz für eine Mandant*in gefordert wurde. Beim Gerichtstermin sitzen dann drei Wachtmeister mit im Saal, weil auch die zuständigen Richter*innen sich vor dem gewalttätigen Expartner nicht sicher fühlen. Gleichzeitig wird im Verfahren darüber entschieden, dass Umgangskontakte zwischen Kind und Vater ganz normal weiterlaufen sollen und die Mutter dem Expartner dadurch *ungeschützt* begegnen muss. Es war hier schon von der Möglichkeit des begleiteten Umgangs die Rede. Gemeint ist damit, dass ein*e vom Jugendamt beauftragte*r Sozialarbeiter*in den Vater und das Kind beim Umgang begleitet und die Mutter bei der Übergabe des Kindes nicht auf den Vater treffen muss. Der begleitete Umgang sorgt aber allenfalls für einen Aufschub, denn er ist zeitlich immer auf ein paar Monate begrenzt, und parallel müssen die Kindeseltern in der Regel zusammenkommen und bei gemeinsamen Elterngesprächen mit einer dritten Person Lösungen entwickeln. Das ist kurz nach der Trennung aus einer Gewaltbeziehung für die betroffenen Frauen häufig eine kaum zumutbare Belastung. Man mag zwar hoffen, dass sich die Situation zwischen den Beteiligten in diesem Zeitraum beruhigt, aber davon kann nicht mit Sicherheit ausgegangen werden. Denn: Es findet in diesem Zeitraum keine Täterarbeit statt. Warum sollte sich nach ein paar Monaten des begleiteten Umgangs das Problem in Luft auflösen, wenn der gewalttätige Expartner nicht an sich arbeiten muss?

Ein weiteres Problem ist, dass das Jugendamt dem begleiteten Umgang zustimmen muss, da hierfür Gelder aus dem Kinder- und Jugendhilfebereich zur Verfügung gestellt werden müssen. Manchmal ist das Jugendamt der Meinung, dass der begleitete Umgang nicht nötig ist, manchmal gibt es kaum Gelder und Personal. Die Sicherheit von Frauen und Kindern hängt erneut am fehlenden Geld, an dem chronisch unterfinanzierten Bereich der Kinder- und Jugendhilfe. Das ist kein Versagen, das ist eine klare politische Entscheidung.

Familiengerichtliche Verfahren sind ein außer Kontrolle geratenes Krisengebiet. Im ersten Bericht des Expertenausschusses des Europarats (GREVIO) zur Umsetzung der Istanbul-Konvention in Deutschland, der im Oktober 2022 veröffentlicht wurde, wird explizit gerügt, dass gewalttätige Väter in Deutschland Sorge- und Umgangsrechte erhielten, ohne dass dabei Sicherheitsbedenken der Frauen oder Kinder ausreichend berücksichtigt würden:

> «GREVIO hat wiederholt seine Besorgnis über Praktiken zum Ausdruck gebracht, die es nicht erlauben, Gewaltvorfälle zwischen Elternteilen ausreichend zu untersuchen, bevor sie an Mediation und gerichtliche gemeinsame Beratung verwiesen werden. Wenn die Parteien verpflichtet sind, sich vor der Trennung einer Mediation zu unterziehen – wie dies offenbar in Deutschland der Fall ist –, müssen ausreichende Schutzvorkehrungen getroffen werden, die es ermöglichen, Fälle aufzudecken und zu prüfen, bei denen es sich nicht nur um direkte Gewalt gegen das Kind, sondern auch um Gewalttaten eines Elternteils gegen den anderen handelt. GREVIO stellt mit Besorgnis fest, dass in der deutschen Justiz die schädliche Wirkung von Gewalt auf Frauen in intimen Beziehungen, die zu Verhandlungen mit dem Täter aufgefordert werden, aber auch auf Kinder, die Zeugen der Gewalt sind, missachtet wird, was dazu führt, dass solche Fälle an Beratung und Mediation verwiesen werden.

GREVIO fordert die deutschen Behörden dazu auf, die erforderlichen legislativen und sonstigen Maßnahmen zu ergreifen, wie etwa Schulungen und Sensibilisierung der Justiz und aller anderen an Entscheidungen über das Sorgerecht beteiligten Personen, um sicherzustellen, dass das Verbot der verpflichtenden Streitbeilegung und Mediation im Straf- und Zivilrecht in Fällen, die eine der unter die Istanbul-Konvention fallenden Formen von Gewalt betreffen, in der Praxis angewandt wird. GREVIO fordert die deutschen Behörden dazu auf, das Bewusstsein aller an Gerichtsverfahren beteiligten Fachleute für die Machtungleichgewichte in gewalttätigen Beziehungen weiter zu schärfen, damit sie dies bei der Bewertung alternativer Streitbeilegungsverfahren berücksichtigen können. Versuche zur Beilegung oder Mediation dürfen niemals die Sicherheit eines Gewaltopfers oder seiner Kinder gefährden.»[30]

Obwohl die Trennungssituation ein Hochrisikofaktor für Femizide ist,[31] setzen staatliche Institutionen die Frauen wissentlich einer großen Gefährdung aus. Ein gewaltfreies Leben für die Frauen scheint der Justiz und der Verwaltung nicht wichtig genug zu sein, wenn sie Frauen immer wieder in die für sie gefährliche Übergabesituation beim Umgang drängen.

In Umgangsverfahren wird die gewaltbetroffene Frau zu einer stummen Teilnehmerin und Trägerin der Rechte des Kindes. Es gehört zu ihrem Lebensrisiko, so die verbreitete Ansicht, wenn sie beim Umgang auf ihren Expartner trifft – «sie hätte sich ja einen anderen Partner suchen können». Sie selbst und ihre körperliche Integrität spielen in dem Moment keine Rolle. Es geht nicht um ihre Selbstbestimmung und ihre Rolle als ein mit Rechten ausgestattetes Subjekt. Sie wird zu einem Objekt, das nur für die Verwirklichung der Rechte *anderer* da ist. Sie soll für die Erfüllung der Umgangsrechte des Vaters und des Kindes sorgen, ob sie bei den Übergaben leidet, bedroht oder körperlich verletzt wird, ist nicht entscheidend.

Manchmal muss ich meinen Mandant*innen dazu raten, nicht jede furchtbare Erfahrung, die sie mit dem Kindesvater gemacht haben, im Verfahren vorzutragen, weil das im schlimmsten Fall zu einem Sorgerechtsentzug führt. Für mich ist das eine kaum auszuhaltende Beratungssituation. Und dabei liegt das Problem ausnahmsweise nicht darin, dass das Gericht den gewaltbetroffenen Frauen nicht glaubt. Wolfgang Hammer stellt in seiner Untersuchung fest: «In 38 Fällen amtlich bestätigter häuslicher Gewalt der Expartner gegenüber ihren Expartnerinnen vertraten Jugendamt und Familiengericht die Auffassung, dass diese Väter besonderes Verantwortungsbewusstsein dadurch gezeigt hätten, dass sie nur ihre Frauen, aber nicht ihre Kinder geschlagen hätten. Auf dieser Basis wurde dann den Anträgen der Väter auf eine Ausweitung der Besuchsregelungen oder eine Übertragung des Sorgerechts entsprochen.»[32]

Der Sorgerechtsentzug hängt wie ein Damoklesschwert über allen meinen gewaltbetroffenen Mandant*innen. Die Ungerechtigkeit ist unerträglich. Eine Mutter erfährt jahrelang massive Gewalt durch ihren Partner. Das gemeinsame Kind muss diese Gewalt miterleben. Die Mutter schafft es, sich aus der Gewaltbeziehung zu befreien. Nun will sie sich und das gemeinsame Kind vor weiterer Gewalt schützen, kann aber nicht alles beweisen, was der Expartner ihr angetan hat. Beweise fehlen häufig. In der Regel suchen sich die Frauen nicht aus der akuten Gewaltsituation heraus Hilfe. Es gibt selten Zeug*innen. Die Täter sind meist klug genug, die Gewalt nur dann auszuüben, wenn sie sich sicher fühlen. In der Regel haben sie ihre Partner*innen bereits seit Jahren so sehr isoliert, dass die Betroffenen kaum noch Kontakt mit Außenstehenden haben. Wenn die Gewalt von der Betroffenen nicht nachgewiesen werden kann, entscheiden Gerichte üblicherweise, dass ein Umgang zwischen dem gewalttätigen Expartner und dem gemeinsamen Kind stattfinden darf. Wenn sich die Gewaltbetroffene nicht auf den Umgang des Kindes mit dem Vater einlässt, wird ihr häufig vorgeworfen, dass sie die Partnerebene nicht von der Elternebene trennen könne und damit dem Kind schade.

Verhält sich das Kind ablehnend gegenüber dem Vater, wird ihm gerne der Stempel des Parental Alienation Syndrome (PAS) aufgedrückt. Dieses «Syndrom» ist wissenschaftlich nicht haltbar, es ist weder im Klassifikationssystem für Krankheiten der WHO, dem ICD, noch im amerikanischen Klassifikationssystem DSM anerkannt und wurde heftig kritisiert.[33] In Ländern wie England und Kanada darf es mittlerweile nicht mehr in Gerichtsverfahren als Beweismittel eingeführt werden.[34] Dennoch spielt es an Familiengerichten in Deutschland immer wieder eine Rolle, es wird von Männerrechtlern gepusht und selten infrage gestellt. Beim PAS wird davon ausgegangen, dass ein Elternteil die Bindung zum anderen Elternteil nicht zulasse, diesen vor dem Kind abwerte und damit das Kind von ihm entfremde – mit dem Ergebnis, dass es diesen Elternteil ablehne. Über den Vorwurf der «Bindungsintoleranz» findet diese Idee täglich Eingang in familiengerichtliche Verfahren und Urteile und erschwert den gewaltbetroffenen Frauen, sich zu schützen und alle Vorwürfe vorzubringen, ohne dass ihnen eine «Blockadehaltung» unterstellt wird.

Auf der 53. Sitzung des UN-Menschenrechtsrats in Genf stellte Reem Alsalem, Sonderberichterstatterin zu Gewalt gegen Frauen und Mädchen, ihren Bericht «Custody, violence against women and violence against children» vor.[35] In ihrer eindrucksvollen Rede im Juni 2023 benannte sie klar die

Gefährdung von gewaltbetroffenen Müttern und Kindern vor Familiengerichten durch «Parental Alienation» bzw. «Eltern-Kind-Entfremdung». Die herrschende Ungerechtigkeit fand hier sehr deutlich Ausdruck: «Wie, Herr Vizepräsident, können solche Praktiken Tag für Tag direkt vor unserer Nase stattfinden? Wie können Familiengerichte Schauplatz solch ungeheuerlicher Formen der Gewalt gegen Mütter und Kinder sein und dabei völlig ungestraft bleiben?»

Reem Alsalem ging in ihrer Rede auch auf die misogyne und mütterfeindliche Wurzel dieser Konzepte ein:

> «Wie können sie zu einem derartigen Dauerzustand des Leidens und zu einem solch kolossalen Justizirrtum durch Institutionen führen, die eigentlich Gerechtigkeit herstellen und die Opfer schützen sollen? Die kurze Antwort ist, dass strukturelle und tief verwurzelte geschlechtsspezifische Voreingenommenheit in Familiengerichten grassiert, die meist, ich wiederhole, gegen Mütter arbeitet. Das führt dazu, dass sie das Sorgerecht für ihre Kinder ganz oder teilweise verlieren, egal, was sie tun, und stürzt sie in eine Spirale der Qual, der Verzweiflung und des Leids, weil sie den Kontakt zu ihren Kindern verlieren oder mit ansehen müssen, wie ihre Kinder in Situationen der Unsicherheit und Gewalt, einschließlich psychischer und physischer Gewalt, gefangen bleiben.»

Es scheint so, als seien die Menschenrechte in der familiengerichtlichen Realität vor allem Männerrechte.

Es ist doch mindestens erstaunlich, dass Gerichte und Jugendämter sich offenbar nicht vorstellen können, dass Kinder möglicherweise aus guten Gründen den anderen Elternteil ablehnen, vielleicht weil ihnen wirklich Gewalt angetan wurde oder sie die Gewalt des Vaters gegen die Mutter miterleben mussten. Interessanterweise wird die *tatsächliche* Vernachlässigung des einen Elternteils durch Gewaltausübung, die zu der Ablehnung des Kindes geführt hat, *nicht* als Entfremdung bezeichnet.

Eine Studie aus den USA über den Einfluss von Eltern-Entfremdungs-Vorwürfen auf Entscheidungen des Familiengerichts aus dem Jahr 2000 ergab sogar, dass der Vorwurf der Entfremdung gegen Väter sich nicht zulasten ihres Sorgerechts auswirkte. Wurde er gegen Mütter erhoben, verloren diese nicht nur in der Hälfte der Fälle das Sorgerecht – auch die Wahrscheinlichkeit, dass das Gericht den von ihrer Seite geäußerten Gewalt- oder Missbrauchsvorwürfen glaubte, nahm um etwa die Hälfte ab.[36]

Wenn im Familiengericht davon gesprochen wird, dass der Umgang mit beiden Elternteilen «ausnahmslos» kindeswohldienlich sei, ist damit in der Regel der Umgang mit den *biologischen* Eltern gemeint. Zugrunde liegt hier ein zutiefst konservatives, veraltetes Bild der Familie, das ein Resultat des patriarchalen Systems und gleichzeitig einer seiner Stabilisatoren ist.

Ich erinnere mich an einen Gerichtstermin, in dem meine Mandantin auf den Vater ihres Kindes treffen musste, der sie vergewaltigt hatte. Er hatte der Mutter in Anwesenheit des Kindes immer wieder sexualisierte Gewalt angetan, vor dem Kind zu Pornos masturbiert und regelmäßig Sexarbeiterinnen nach Hause bestellt und die Mandantin und das Kind gezwungen, dabei zu sein. Sie konnte keine Strafanzeige gegen ihn erstatten, sie hatte keine Kraft mehr dafür, sie war mit dem «Überleben» der traumatischen Erfahrung und mit der Versorgung des Kindes beschäftigt. Die Mandantin hatte große Angst, dass der Vater dem Kind etwas antun könnte. Da das Kind noch im Kleinkindalter war, befürchtete sie, dass es sich nicht ausreichend mitteilen könnte, wenn etwas passiert. Im

Gerichtstermin fing sie mehrfach vor Verzweiflung an zu weinen, und sie bat um Hilfe und Schutz für ihr Kind. In einem Moment rief sie aus, dass sie aus Deutschland wegziehen würde, wenn ihr Kind hier nicht geschützt werde. Ich konnte ihre Ohnmacht und Hilflosigkeit körperlich spüren.

Die Familienrichterin entzog ihr noch im Gerichtstermin mit Zustimmung des Jugendamts im Eilverfahren das Sorgerecht. Das Kleinkind wurde von der Mutter getrennt und in einer fremden Einrichtung untergebracht. Statt der Mandantin Hilfe durch das Jugendamt anzubieten und das Kindeswohl zu berücksichtigen, wurde ihre Erziehungsfähigkeit infrage gestellt, weil sie uneinsichtig und nicht kompromissbereit war und ihr verzweifelter Ausruf, unter Umständen aus Deutschland wegziehen zu wollen, als drohende Kindesentführung gewertet wurde. Weil sie laut wurde und sich nicht auf eine Einigung mit ihrem Expartner einlassen wollte, einem Menschen, der ihr jahrelang sexualisierte Gewalt angetan hatte. Weil sie nicht «bindungstolerant» war. Weil sie ihr Kind schützen wollte. Selbst der ureigene Instinkt eines Elternteils, hier der Mutter, sich und das Kind zu schützen, darf vor Gericht nicht sichtbar werden.

Bei einem anderen Anhörungstermin wurde stundenlang über die Erziehungsfähigkeit der Mutter diskutiert. Sie hatte Geld aus der Spardose der Kinder genommen, war dazu aber gezwungen gewesen, weil der Vater die Macht und Kontrolle über das gemeinsame Konto ausübte. Keiner der Beteiligten am Familiengericht nahm ihr diese Zwangslage ab, weil kein Bewusstsein für eine wirkmächtige und subtile Form der Unterdrückung vorhanden war: die wirtschaftliche Gewalt. Diese Unkenntnis macht sich insbesondere dann bemerkbar, wenn es die Gerichte in Umgangsverfahren anscheinend gar nicht interessiert, ob der Kindesvater, der sich um den Umgang bemüht, auch Kindesunterhalt zahlt. Noch einmal:

Jede zweite Alleinerziehende erhält in Deutschland keinen Kindesunterhalt. Das liegt nicht daran, dass all die Unterhaltsverpflichteten nicht in der Lage wären zu zahlen. Vielmehr tauchen sie unter, sind nicht greifbar, reduzieren als Selbstständige künstlich ihr Einkommen.[37]

Ich höre so oft von getrennten Müttern, dass sie lieber auf Kindesunterhalt verzichten und keine Anträge stellen, weil sie Angst vor der Reaktion des Partners haben. Sie berichten, dass sie keine Kraft mehr für Konflikte haben, dass sie froh sind, wenn endlich Ruhe einkehrt, und sie den «Frieden» nicht gefährden wollen. Manchmal drohen Expartner damit, den Müttern das Kind «wegzunehmen», sollten sie Unterhalt einfordern. Einige Frauen wissen, dass ihre Partner das Wechselmodell einfordern werden. Die Betroffenen wollen möglichst wenig Kontakt zum gewalttätigen, drohenden Partner und wissen, dass Unterhaltskonflikte diesen Kontakt intensivieren würden. All das geht am Ende zulasten der Kinder, die ohne Kindesunterhalt noch stärker von Armut bedroht sind, als sie es in einer Familie mit einem alleinerziehenden Elternteil ohnehin schon sind.

Rechtsanwält*innen in Deutschland ist es erlaubt, Tipps und Tricks zu vermitteln, mit deren Hilfe man weniger oder gar keinen Kindesunterhalt zahlen muss,[38] gleichzeitig werden Gynäkolog*innen kriminalisiert, wenn sie öffentlich über Schwangerschaftsabbrüche informieren. Dabei geht es beim Kindesunterhalt ja um eine Zahlung für das *Kind* und nicht um eine Zahlung für die Mutter, was viele Väter jedoch gern falsch verstehen. Sie greifen das misogyne Narrativ auf, dass es der Frau nur um mehr Geld für sich selbst gehe. Viel zu oft ist das Zurückhalten des Kindesunterhalts ein Machtmittel.

Sabine Walper, Diplompsychologin und Professorin an der Ludwig-Maximilians-Universität München für Allgemeine Pädagogik, erklärt in einem Interview einen nicht überraschenden, aber dennoch von der Rechtsprechung wenig beachteten Umstand:

> «Getrennt lebende Väter können für ihre Kinder eine wichtige Ressource sein. Dabei spielt aber die Häufigkeit der Kontakte eine sehr nachrangige Rolle. Vor ein paar Jahren ging man noch davon aus, dass das Kindeswohl leidet, wenn der Kontakt zum Vater stark abnimmt oder gar abbricht. Mittlerweile zeigen aber viele Studien, dass die zuverlässige Zahlung des Unterhalts und die Qualität des väterlichen Erziehungsverhaltens deutlich ausschlaggebender sind. Entscheidend ist, dass den Kindern Sicherheit, Zuwendung und Orientierung vermittelt wird, damit sie die Unsicherheiten nicht in die spätere eigene Partnerschaft hineintragen.»[39]

Der Staat lässt dem Vater fast immer die Tür für den Umgang mit seinen Kindern offen. Selbst wenn Väter jahrelang untertauchen, keinen Unterhalt zahlen und plötzlich nach Jahren wieder bei der alleinerziehenden Mutter vor der Tür stehen, haben sie die Möglichkeit, Umgang mit dem Kind zu beantragen. Wenn die Mutter in solch einem Fall eine Einigung ablehnt, besteht die Gefahr, dass *ihr* der Vorwurf gemacht wird zu blockieren. Obwohl *er* jahrelang keine Verantwortung übernommen hat und untergetaucht ist, weder Kindesunterhalt gezahlt noch tatsächliche Betreuung geleistet hat, liegt der Schwerpunkt der Betrachtung und Beurteilung auf *ihrem* Verhalten.

Beim Zugang zum Rechtsschutz in familiengerichtlichen Verfahren bestehen große strukturelle Benachteiligungen, die allerdings kaum öffentlich wahrgenommen werden. Für Gewaltschutz- und Kindschaftsverfahren erhalten Rechtsanwält*innen sehr niedrige Honorare nach dem Rechtsanwaltsvergütungsgesetz. Die Verfahren sind immens arbeitsintensiv, die gesetzlichen Gebühren werden dem nicht gerecht. Anwält*innen, die sich gut und engagiert für ihre Mandant*innen einsetzen wollen, arbeiten dadurch häufig fast ohne Vergütung, und sie können daher nur eine sehr begrenzte Anzahl solcher Verfahren übernehmen.

Das Argument des Gesetzgebers für die niedrigen Gebühren ist zunächst einmal nachvollziehbar: Das Verfahren soll allen offenstehen, und niemand soll aufgrund hoher Gerichtsgebühren vor Gewaltschutzanträgen zurückschrecken. Zudem herrscht kein Anwaltszwang, das heißt, die Gewaltbetroffenen müssen sich in den Verfahren nicht anwaltlich vertreten lassen und können sie auch allein betreiben. Das hört sich in der Theorie gut an, aber es wird übersehen, dass sehr viele Frauen, die sich in einer Trennungssituation befinden, teilweise jahrelang Gewalt erfahren haben, sich und ihre traumatisierten Kinder stabilisieren müssen, nicht die Ressourcen und nicht die Kraft haben, sich allein durch ein Gewaltschutzverfahren gegen ihren gewalttätigen Expartner zu kämpfen. Sie brauchen anwaltlichen Beistand, sowohl wegen der juristischen Expertise als auch aufgrund der emotionalen Ausnahmesituation.

Auch wenn die anwaltlichen Gebühren für Gewaltschutzverfahren oder Kindschaftsverfahren im Vergleich zu anderen Verfahren niedrig sind, können viele Frauen sie nicht bezahlen. Meiner Ansicht nach müsste der Staat den Anwält*innen für solche Verfahren eine Finanzierungsmöglichkeit bieten, damit sie ihre wirtschaftlich deutlich schwächergestellten gewaltbetroffenen Mandant*innen gut vertreten können und der Erfolg des Verfahrens nicht von den finanziellen Ressourcen der Beteiligten abhängt.

In einem Verfahren hatte der Expartner, ein vermögender Unternehmer, eine Frau aus Kuba geheiratet und nach Deutschland geholt. Sie war deutlich jünger, konnte kaum Deutsch und hatte keine Ausbildung, die in Deutschland anerkannt wurde. Nach jahrelanger Misshandlung trennte sie sich von ihm, und er begann, sie zu stalken und damit zu drohen, ihr das gemeinsame Kind wegzunehmen, wenn sie nicht zu ihm zurückkehre. Nach ihrer Flucht in ein Frauenhaus stellte er Antrag auf das alleinige Sorgerecht, auf Umgangsrechte, auf die Herausgabe des Kindes. Er überhäufte sie mit familiengerichtlichen Verfahren. Sie konnte sich nicht allein verteidigen, musste sich also anwaltlich vertreten lassen. Dazu beantragte sie Verfahrenskostenhilfe, eine Möglichkeit für Menschen, die keine ausreichenden finanziellen Mittel haben. Die Beträge, die Anwält*innen über die Verfahrenskostenhilfe erhalten, richten sich nach den gesetzlichen Gebühren und sind gedeckelt.

Der Expartner, der aufgrund seiner finanziellen Möglichkeiten keine Verfahrenskostenhilfe beantragen musste, erschien vor Gericht mit seitenlangen Schriftsätzen und drei Anwälten, die er sehr wahrscheinlich nicht nach den gesetzlichen Gebühren, sondern nach Stundensatz bezahlte. Keine Anwältin, die nach den gesetzlichen Gebühren bezahlt wird, hätte die Ressourcen und die Zeit gehabt, die Frau gegen diese wirtschaftliche Übermacht angemessen zu vertreten, und schon gar nicht hätte die Betroffene sich allein gegen einen solchen Gegner verteidigen können.

Es besteht offensichtlich eine erhebliche Ungleichheit der Ressourcen zwischen Anwält*innen, die nach den gesetzlichen Gebühren bezahlt werden, und solchen, die lukrative individuelle Vereinbarungen treffen können. «Anwälte haben einen langen Atem, solange jemand das Geld hat, für ihre Zeit zu bezahlen», schreibt Ronen Steinke in seinem Buch «Vor dem Gesetz sind nicht alle gleich». Steinke schildert die krassen

Unterschiede in der Strafverteidigung von Menschen, die arm und deshalb auf Pflichtverteidiger*innen angewiesen sind, und solchen, die ausreichend Geld haben, um bis zu drei Verteidiger*innen inklusive einer Vielzahl von Mitarbeitenden zu beauftragen.[40] Er erhebt unter anderem den Vorwurf der Klassenjustiz, weil sich diese Unterschiede direkt auf den Ausgang der Strafverfahren auswirken.

Ein Familienrechtsstreit ist kein Strafverfahren, dennoch gilt dieser Vorwurf auch für die Familienjustiz. Dass in einem Rechtsstaat nur diejenigen vor Gewalt und Stalking geschützt werden, die genügend Geld haben, um sich angemessenen anwaltlichen Beistand zu leisten, ist ungerecht und gewaltvoll Menschen gegenüber, die weniger oder gar keine finanziellen Mittel zur Verfügung haben. Auch das ist eine Form wirtschaftlicher Gewalt durch den Staat. Und sie kann tödlich enden.

VI. Das Mindeste an Hilfe

1. «Von Natur aus aggressiv»? Männlichkeit und Täterarbeit

Männern wird in unserer Gesellschaft immer noch sehr oft beigebracht, dass sie männlicher sind, wenn sie keine Gefühle zeigen und nicht über ihre Verletzlichkeiten reden. Männer und Psychotherapie oder Männer, die Hilfe brauchen – das ist immer noch ein Tabuthema. bell hooks schreibt in ihrem Buch «Männer, Männlichkeit und Liebe»: «Die Realität ist, dass Männer verletzt sind und dass die gesamte Kultur ihnen mit den Worten antwortet: ‹Bitte sag uns nicht, wie du dich fühlst.›»[1] Jungs und junge Männer bekommen nicht nur wenig Raum, sich verletzlich, verwundet oder traumatisiert zu zeigen. Sehr oft wird durch das Schweigen über diese Themen auch vermittelt, dass Männer keinen Hilfsbedarf haben, weil sie gar nicht verletzlich und verwundet *sind.*

Männer machen immer noch seltener eine Therapie als Frauen.[2] Je nach persönlichem und beruflichem Umfeld wird eine therapeutische Behandlung entweder besonders positiv hervorgehoben oder misstrauisch beäugt. Ich habe mich selbst schon dabei beobachtet, wie ich die Partner von Freundinnen dafür gelobt habe, dass sie sich bei ihrer psychischen Erkrankung oder Belastung helfen lassen, obwohl es eigentlich normal sein sollte, sich Hilfe zu suchen, wenn Hilfe benötigt wird. Wir gehen zu Ärzt*innen, wenn wir körperliche Krankheiten haben, das ist eine Selbstverständlichkeit. Warum kommt es noch immer so selten vor, dass Männer sich bei seelischen Beschwerden therapeutische Hilfe holen?

Ein Junge, der in dieser Gesellschaft aufwächst, wird nur mit viel Anstrengung eine Alternative zu dieser patriarchalen Vorstellung männlicher Unverletzbarkeit entwickeln. Ebenso wird es ihm schwerfallen, sich der gesellschaftlichen Prägung zu entziehen, die ihn dazu anhält, seine Kraft im Konkurrenzkampf mit anderen Männern zu erschöpfen, um ökonomischen Erfolg zu haben. Unsere wirtschaftlichen Strukturen belohnen Macht und Dominanz mehr als Fürsorge und Empathie. Es gibt nur ein Gefühl, das Jungen ohne Angst vor dem gesellschaftlichen Urteil ausdrücken können: Wut und Aggression. Jungen und Männer werden für ihre Wut belohnt. Im Berufsleben wird aggressives Konkurrenzverhalten bei Männern häufig als ausgeprägtes «Durchsetzungsvermögen» bewertet und mit besseren Posten belohnt, während Frauen, die sich im beruflichen Kontext wütend oder emotional zeigen, häufig nicht mehr ernst genommen werden und sich angreifbar machen.

In meinen Beratungen erlebe ich immer wieder, dass Männer in ihren Partnerschaften nicht konfliktfähig sind. Das heißt, dass sie nicht in der Lage sind, Konflikte auszuhalten, sich konstruktiv mit ihnen auseinanderzusetzen und eine Sprache für Lösungen zu finden. Ich habe mich oft darüber gewundert, weil doch dieselben Männer in ihrem beruflichen Alltag häufig Lösungen aushandeln und Konflikte lösen müssen. Aber vielleicht ist genau das das Problem. In Mediationsverfahren stelle ich oft fest, dass die Fähigkeit von Männern, im Berufsalltag Lösungen zu finden, wenig mit der Lösung von Beziehungskonflikten mit emotionaler Nähe zu tun hat. Viele dieser Konflikte werden innerhalb von klaren Hierarchien und Machtstrukturen bearbeitet. Das heißt, die Konflikte werden nicht gelöst, sondern eskaliert und notfalls mit Autorität entschieden. Ohne diese Autorität sind die Männer sprachlos.

Eingeforderte Anti-Gewalt-Kurse werden vom Gericht oft abgelehnt mit dem Argument, dass diese bei einem «grundsätzlichen» Aggressionsproblem effektiv seien, nicht aber bei «Partnerschaftskonflikten». Diese selbstverständliche Verharmlosung von Gewalt zeigt sehr deutlich, welcher Raum gewaltvoller Männlichkeit in Partnerschaften zugestanden wird. Dass Männer Probleme mit Aggression und Gewalt haben, dass sie «nicht anders können», weil es «in ihrer Natur» liegt, aufbrausend oder demütigend zu sein, wird als gegeben hingenommen. Genauso wie es als gegeben hingenommen wird, dass Frauen sich selbst schützen, ihren Wohnort wechseln oder in ein Frauenhaus ziehen müssen, damit der Expartner sie nicht mehr finden kann.

In Berlin bietet die Volkssolidarität Kurse zur Täterarbeit an. In einem Gespräch erklärt mir Gerhard Hafner, Diplompsychologe und Gründer der «Beratung für Männer – gegen Gewalt», welche Ziele ein Anti-Gewalt-Kurs verfolgt: Der gewalttätige (Ex-)Partner soll Verantwortung für seine Tat übernehmen, er soll verstehen, warum er gewalttätig geworden ist, und er soll andere Formen der Konfliktlösung finden. Die Kurse finden in der Regel über einen Zeitraum von sechs Monaten in Form von Gruppenarbeit statt, es gibt die Möglichkeit der Nachsorge. Mittlerweile gibt es auch ein Projekt, das sich explizit an Familiengerichte wendet. In einem Interview mit der «Frankfurter Rundschau» antwortete Hafner auf die Frage, ob es genug Personal gebe: «Unser Träger, die Berliner Volkssolidarität, hat zu wenig Ressourcen. Wir arbeiten gerade mal zu viert. Das ist für eine Stadt wie Berlin mit weit mehr als 10 000 Fällen von häuslicher Gewalt jährlich natürlich viel zu wenig.»[3]

Mehrere Studien, insbesondere aus den USA, belegen die Effektivität von Anti-Gewalt-Trainings, und auch die Landesstiftung Baden-Württemberg stützt sich in ihrer Evaluation von Täterprogrammen auf diese anerkannten Ergebnisse.[4] So stellte eine US-amerikanische Studie 2004 fest, dass die Absolvierung eines entsprechenden Programms die Rückfallquote um ca. ein Drittel senkt; bei gerichtlich angeordneten Trainings sogar um die Hälfte.[5]

Wie sähe es in Familien aus, wenn alle gewalttätigen Männer einen Anti-Gewalt-Kurs oder eine Therapie machen müssten? Vielleicht kann man nicht jeden erreichen, und nicht jede Therapie greift auch, aber sollte nicht alles versucht werden, um dafür zu sorgen, dass der Täter Strategien entwickelt, seine Aggressionen in den Griff zu bekommen? Zum Schutz der (Ex-)Partnerin und zukünftigen Partnerinnen? In familiengerichtlichen Verfahren wird argumentiert, man könne gewalttätige Expartner nicht dazu zwingen, Kurse zu machen. Zumindest würden sie nichts bringen, wenn es keine intrinsische Motivation gebe, sich zu ändern. Männer müssten sich freiwillig und autonom für ein Anti-Gewalt-Training entscheiden. Erstaunlich ist, dass Selbstbestimmung und Autonomie für Männer eingefordert werden, wenn es um Anti-Gewalt-Kurse geht, aber nicht für Frauen, die in einer Zwangslage ihren Aufenthaltsort aus Angst vor Übergriffen, Gewalt und Tötung wechseln *müssen*. Diese Frauen werden nicht gefragt, ob der Umzug in ein Frauenhaus und damit der Verlust eines großen Teils ihrer Freiheit wirklich «intrinsisch» motiviert sind. Und wenn der Umgang mit dem Kind an ein Anti-Gewalt-Training oder eine Therapie gebunden ist, wäre die Motivation nicht gleich viel größer?

Das vielleicht überzeugendste Argument für mehr Investitionen in Prävention in einer Gesellschaft, in der es vor allem um Profite und Regeln des Marktes geht, dürfte folgendes sein: Prävention und Täterarbeit, die die Gewalt eindämmen, «lohnen» sich, denn die Kosten, die dem Staat infolge von Männergewalt entstehen und von der gesamten Gesellschaft getragen werden müssen, sind enorm. Sylvia Sacco, Professorin für Soziale Arbeit, und ihr Team haben im Jahr 2017 die direkten und indirekten Kosten von häuslicher Gewalt berechnet. Die Untersuchung kam zu dem Ergebnis, dass in Deutschland jährlich Kosten in Höhe von 803 Millionen Euro für Polizeieinsätze, Justiz, Frauenhäuser, Beratungen und Gesundheitswesen anfallen. Noch dramatischer sind die indirekten Kosten, also Schäden, die der Gesellschaft nicht gleich im Anschluss an eine Gewalttat entstehen, sondern sich zeitversetzt über viele Jahre ergeben. Dazu gehören längere Krankheiten bei Betroffenen, die zu Arbeitslosigkeit führen. Traumafolgekosten bei den Betroffenen, aber auch bei den Kindern. Diese indirekten Kosten werden auf 1,95 Milliarden Euro beziffert. Das Forscher*innenteam kommt damit auf Gesamtkosten von 2,75 Milliarden Euro, die dem Staat jährlich durch häusliche Gewalt entstehen.[6] Und das sind nur die Kosten, die das Hellfeld betreffen, also die durch Anzeigen und Polizeieinsätze behördlich erfassten Taten. Da das Dunkelfeld im Bereich der häuslichen Gewalt deutlich größer sein dürfte, müssen wir mit noch erheblich höheren Gesamtkosten rechnen.

Ein weiteres Problem ist, dass die Justiz historisch gesehen lange sehr männlich war. Man ist versucht zu sagen, dass sich Richter in männliche Lebensrealitäten besser hineinversetzen, sie besser nachvollziehen konnten, auch in Bezug auf Trennung, Verlust von Macht und sexueller Kontrolle, vielleicht sogar Mitgefühl empfanden. 1964 gelangte der Bundesgerichtshof noch zu folgendem Urteil über das Wesen einer ehelichen Lebensgemeinschaft: «Die Frau genügt ihren ehelichen Pflichten nicht schon damit, dass sie die Beiwohnung teilnahmslos geschehen lässt. Wenn es ihr infolge ihrer Veranlagung oder aus anderen Gründen, zu denen die Unwissenheit der

Eheleute gehören kann, versagt bleibt, im ehelichen Verkehr Befriedigung zu finden, so fordert die Ehe von ihr doch eine Gewährung in ehelicher Zuneigung und Opferbereitschaft und verbietet es, Gleichgültigkeit oder Widerwillen zur Schau zu tragen.»[7] Das ist 60 Jahre her, so würde heute sicher kein Gericht mehr argumentieren, aber wie sehr sind diejenigen, die heute in Verwaltung und Justiz tätig sind, noch davon geprägt? Wie sehr ist der milde Blick auf Gewalttäter noch davon bestimmt?

Die große Ehereform wurde, wie weiter oben geschrieben, erst 1977 durchgeführt, bis dahin brauchten Frauen die Erlaubnis des Mannes, um zu arbeiten. Erst seit 1976 können sie in der Bundesrepublik Deutschland unter bestimmten Voraussetzungen straffrei abtreiben. Vergewaltigung innerhalb der Ehe ist erst seit 1997 eine Straftat. Menschen, die in den Sechziger- und Siebzigerjahren in diesem Klima und mit diesen Maßgaben aufgewachsen sind, entscheiden heute in der Verwaltung, in der Gesetzgebung, in der Justiz. Der Bundesgerichtshof argumentierte im Jahr 2008 wie folgt: «Nicht jede Tötung, die geschieht, weil sich der (frühere) Partner vom Täter abwenden will oder abgewandt hat, [beruht] zwangsläufig auf niedrigen Beweggründen […]. Vielmehr können in einem solchen Fall tatauslösend und tatbestimmend auch Gefühle der Verzweiflung und inneren Ausweglosigkeit sein, die eine Bewertung als ‹niedrig› im Sinne der Mordqualifikation namentlich dann als fraglich erscheinen lassen können, wenn – wie hier – die Trennung von dem Tatopfer ausgeht und der Angeklagte durch die Tat sich dessen beraubt, was er eigentlich nicht verlieren will.»[8]

Seitdem sind mehr als 15 Jahre vergangen, und der deutsche Bundesgerichtshof geht immer noch davon aus, dass der Umstand, dass die Trennung vom Tatopfer ausgegangen ist, gegen die Verwerflichkeit der Tat spricht und damit kein

Mordmerkmal erfüllt ist. Vielleicht kann man dann auch nicht erwarten, dass Täterarbeit, Anti-Gewalt-Training oder eine Therapie als notwendig angesehen werden? Es bedarf einer grundsätzlichen Haltungsänderung, die genau hier ansetzt: Gewalttätige Männer müssen klar als Täter verurteilt werden, und man muss alles daransetzen, die Gewalt einzudämmen.

Die Auffassung des Bundesgerichtshofs gilt im Übrigen selten, wenn es sich beim Täter um einen nicht weißen Mann handelt. Dann geht es um «Ehrenmord» und verachtenswertes Besitzdenken. Ulrike Lembke, Professorin für Öffentliches Recht und Geschlechterstudien an der Humboldt-Universität zu Berlin, schreibt in ihrem Text «Nennt sie Femizide!» auf «Zeit Online»: «Die Gerichte artikulieren ungebrochen ihr Verständnis für den verlassenen Mann. Patriarchale Strukturen und ‹Besitzdenken› oder der ‹berechtigte Wunsch der Frau nach einem selbstbestimmten Leben› werden weiterhin primär bei ‹fremden› Tätern erkannt. Bei ihnen sind auch dogmatische Abkürzungen erlaubt, wenn die Trennung der Frau umstandslos zur ‹Ehrverletzung› für den nicht *weißen* Mann erklärt wird, um die Prüfung weiterer Aspekte überflüssig zu machen und den Täter pauschal wegen ‹Ehrenmords› zu verurteilen.» Und sie schreibt weiter: «Warum gelingt es den Gerichten nur bei als ‹Ehrenmord› qualifizierten Tötungsdelikten, die patriarchale Dimension zu erkennen? Das Framing als Tat eines ‹Fremden› verschafft vielleicht den notwendigen inneren Abstand, der eine Analyse des Geschehens auch im Hinblick auf sonst ausgeblendete Strukturen ermöglicht. Tatsächlich aber bleiben die blinden Flecke groß, denn letztlich wird hier eher ermöglicht, von eigenen patriarchalen Problemlagen abzulenken.»[9] Genau das ist der Punkt.

2. Fehlendes Interesse: Frauenhäuser und Zufluchtswohnungen

Wie wenig sich die Politik für das Thema Gewalt gegen Frauen interessiert, sehen wir am anschaulichsten an der Frauenhaussituation in Deutschland. Es fehlen laut Istanbul-Konvention 15000 Plätze in Schutzeinrichtungen.[10] Das investigative Rechercheteam correctiv prüfte und erfasste vom 1. Januar bis zum 31. Dezember 2022 mehrfach täglich die Belegungsdaten für alle Frauenhäuser und Schutzwohnungen in Deutschland und kam zu dem Ergebnis, dass diese Einrichtungen durchschnittlich an 303 von 365 Tagen niemanden mehr aufnehmen konnten. Wenn ein Platz frei wurde, war er häufig bereits nach wenigen Stunden erneut belegt.[11] Frauen in Gewaltbeziehungen, ob sie Mütter sind oder nicht, haben keine Ressourcen, sich neben dem eigenen *Überleben* noch um einen Frauenhausplatz zu kümmern und täglich bei den Einrichtungen oder Hilfe-Hotlines anzurufen. Abgesehen von den zeitlichen Ressourcen sind sie auch oft nicht allein. Der Täter ist häufig bei ihnen, folgt ihnen auf Schritt und Tritt. Es kommt darauf an, dass in dem Moment, in dem ausreichend Kraft vorhanden ist, die Hilfssysteme funktionieren.

Ich erinnere mich an eine Mandantin, die mehrfach nur deshalb zu mir in die Beratung kam, damit ich für sie die Hilfetelefonnummern wählte und mit ihr nach einem Platz im Frauenhaus suchte. Sie hatte keine Kraft mehr für das Telefonat. Keine Kraft mehr, keine Ruhe, keinen Raum für sich. Ich versuche in den Beratungsgesprächen häufig, direkt mit den Mandant*innen Frauenhäuser zu kontaktieren und sie weiterzuvermitteln. Wenn wir keines finden und die Frauen das Büro verlassen und nach Hause zum gewalttätigen Partner gehen, weiß ich, dass sie in den allermeisten Fällen nicht allein nach freien Plätzen suchen werden. Im ländlichen Bereich kommt hinzu, dass die Frauen häufig über 100 Kilometer weit wegziehen müssen, um einen freien Platz zu bekommen. Sie müssen dafür ihre Kinder aus der Schule nehmen, eine neue Kita finden, die Kinder aus ihrem sozialen Netz herausreißen, teilweise sogar ihren Arbeitsplatz aufgeben. Weil es kein Frauenhaus in der Nähe oder keinen Platz im nahe gelegenen Frauenhaus gibt. Aber auch, weil es in der Umgebung keinen bezahlbaren Wohnraum mehr gibt. Denn auch die Frauen, die in ein Frauenhaus ziehen, müssen irgendwann Wohnraum finden.

Wir haben in Berlin mittlerweile sieben Frauenhäuser (das achte soll 2023 eröffnet werden), und trotz der im Vergleich mit anderen Bundesländern guten Anzahl von Schutzplätzen sind auch hier die Plätze fast immer belegt. Die Betroffenen müssen sehr häufig länger in den Häusern bleiben, weil sie keine Wohnung finden, und damit werden keine Plätze für weitere Betroffene frei. Der Mangel an bezahlbarem Wohnraum ist eines der drängendsten sozialen Probleme unserer Zeit und wirkt sich direkt auf die Situation gewaltbetroffener Kinder und Frauen aus.

Barrierefreie Plätze gibt es noch seltener. Eine Recherche über die Suchfunktion der Website von «Frauenhauskoordinierung e. V.» ergab hinsichtlich der 379 in die Suche einbezogenen Frauenhäuser: 45 (knapp 12 Prozent) sind rollstuhlgerecht, 12 (3,2 Prozent) barrierearm für Personen mit Hörbehinderung, 6 (1,6 Prozent) barrierearm für Menschen mit Sehbehinderung, 62 (16,3 Prozent) bieten Kommunikation in leichter Sprache an. Drei Frauenhäuser deutschlandweit erfüllen alle diese Kriterien.[12] Das ist dramatisch vor dem Hintergrund, dass behinderte Frauen deutlich häufiger von Gewalt betroffen sind: Im Erwachsenenleben erfahren behinderte Frauen fast doppelt so viel körperliche und sogar zwei- bis dreimal so häufig sexualisierte Gewalt wie Frauen im Bevölkerungsdurchschnitt.[13] Wenn wir von Barrierefreiheit sprechen, bedeutet das nicht nur stufenlose Zugänge für rollstuhlnutzende Menschen. Es bedeutet auch, dass vorhandene Informationen ebenso von blinden oder sehbehinderten Menschen, von gehörlosen oder schwerhörigen Menschen oder von Menschen mit Lernschwierigkeiten genutzt werden können. Es gibt sehr viele «unsichtbare» Behinderungen, die den Frauen ihre Situation in einer Schutzeinrichtung erschweren und teilweise auch einen Aufenthalt im Frauenhaus unmöglich machen, weil der besondere Unterstützungsbedarf aufgrund des fehlenden Personals und der mangelnden wirtschaftlichen Ressourcen in einem Frauenhaus gar nicht geleistet werden kann.

In meiner Praxis ist vor allem die Lage der Frauen mit jugendlichen Söhnen dramatisch. Gewaltbetroffene Mütter müssen ihre Söhne häufig zurücklassen, wenn sie den Partner verlassen. Es gibt wenige Einrichtungen, die auch ältere Söhne mit aufnehmen. Die Gründe für die Ablehnung sind nachvollziehbar: Auch wenn von dem männlichen Jugendlichen keine Gefahr ausgeht, nehmen ihn die anderen traumatisierten Bewohnerinnen, die im Frauenhaus leben, als Gefahr wahr. Es ist ein Dilemma, denn auch der Jugendliche muss aus der gewaltvollen häuslichen Umgebung herausgenommen und möglichst nicht von allen Familienangehörigen getrennt werden. Gerade volljährig gewordene Erwachsene fallen nicht selten auch aus der Jugendhilfe raus, und nicht alle haben ein soziales Netz, das einspringen kann.

Hier schließt sich ein weiteres Problem an. In mehreren familiengerichtlichen Verfahren mussten die Mütter ihre jugendlichen Söhne beim gewalttätigen Kindesvater zurücklassen, um in ein Frauenhaus zu ziehen. In den Kindschaftsverfahren spielte die Gewalt gegen die Mutter keine Rolle, während es hinsichtlich des geeigneten Wohnorts für die Kinder von Jugendamt und Familiengericht hieß, dass es kindeswohldienlich sei, wenn sie in ihrer gewohnten Umgebung blieben. Wenn aber Frauen bei einem eventuellen Umzug in ein Frauenhaus in Kauf nehmen müssen, ihre Kinder auch für die Zukunft zu verlieren, werden die wenigsten diesen Schritt gehen. Sie nehmen die Gewalt in Kauf, um ihre Kinder weiter schützen zu können. Betroffene sagen mir, dass sie eher selbst «totgeschlagen» werden wollen, als ihre Kinder der Gefahr der Gewalt auszusetzen.

Auch seelische Erkrankungen sind für Frauenhäuser oft eine Herausforderung. Frauen mit posttraumatischer Belastungsstörung etwa sprengen mit ihrer Symptomatik nicht selten das System. Sozialarbeiter*innen haben unter den jetzigen Arbeitsbedingungen nicht die Ressourcen und Frauenhäuser nicht das Geld und das Personal, um sie aufzufangen. Psychiatrien sind keine Lösung, da gewaltbetroffene Frauen in der Akutsituation der Trennung ein ganzheitliches Unterstützungsnetzwerk benötigen. Vielen Frauen wird von den Einrichtungen versprochen, dass sie wiederkommen können, wenn sie stabiler sind. Dass aber genau diese Abweisung die Symptome verschlimmert und destabilisierend wirkt, weil Betroffene nicht selten bei den Tätern bleiben, heißt am Ende: Deutschland nimmt mit diesem System billigend die Zerstörung der Gesundheit und den Tod von Frauen in Kauf. Weitere Frauenhausplätze ließen sich problemlos schaffen, das ist eine der «einfachen» Maßnahmen zum Schutz von Frauen, man muss lediglich Geld in die Hand nehmen. Aber auch dafür fehlte, trotz des Inkrafttretens der Istanbul-Konvention, in den letzten Jahren der politische Wille.

Sozialarbeiter*innen, mit denen ich zusammenarbeite, sind schlecht bezahlt, haben schlechte Arbeitsbedingungen und machen gleichzeitig einen oft gefährlichen Job. Nicht selten geht es um die Verantwortung für das Leben der Bewohner*innen, ihrer Kinder und auch um ihr eigenes Leben. Ich habe mit Sozialarbeiter*innen gesprochen, die miterleben mussten, wie Kinder von Frauenhausbewohner*innen entführt wurden, weil nicht rechtzeitig notwendige familiengerichtliche Anträge gestellt werden konnten. Womöglich wäre das nicht passiert, wenn es mehr zuständige Sozialarbeiter*innen pro Frau gegeben hätte, wenn die Frauenhausmitarbeiter*innen nicht jedes Jahr um die Finanzierung bangen müssten und ihre Kraft und Ressourcen nicht für «Verwaltungsaufgaben» aufgebraucht würden.

Frauenhäuser und Sozialarbeiter*innen sind dringend notwendig. Mit ihrer Arbeit, die sie autonom organisieren, leisten sie einen unerlässlichen Beitrag für die Gesellschaft. Aber wir können die Verantwortung für die Gesundheit und für das Leben und Überleben von Frauen nicht allein diesen engagierten Fraueninitiativen überlassen. Wenn es bei der Suche nach Lösungsstrategien immer nur heißt, dass wir mehr Frauenhausplätze brauchen, nehmen wir alle auch in Kauf, dass Gewalt gegen Frauen weiter stattfindet, dass sie «normal» ist und «dazugehört». Wir nehmen die Verantwortlichen und Entscheidungsträger*innen aus der Verantwortung, in Prävention zu investieren, und zwar in eine, die Männergewalt bekämpft, *bevor* sie ausgeübt wird, damit Frauen gar nicht erst in Frauenhäuser flüchten müssen.

Schluss: Keine Utopien

Wenn ich die mutigen und widerstandsfähigen Frauen, wenn ich mehrfach marginalisierte Personen bei ihren Trennungen begleite und sehe, wie sie mit aller noch verbliebenen Kraft um das Überleben kämpfen müssen, dann frage ich mich, was mit dieser Energie und Zeit wohl alles möglich wäre, wenn die Betroffenen sie nicht für den Existenzkampf aufbrauchen müssten. Wie viel Widerstand würde es gegen diese diskriminierenden, misogynen und rassistischen Strukturen geben, wenn sich die Betroffenen nicht darum sorgen müssten, wie sie es als Alleinerziehende schaffen sollen, ihre Kinder zu betreuen und zu arbeiten, ohne zu verarmen oder vollständig aufgerieben zu werden von ihren häufig schlecht bezahlten Jobs, von einem Wirtschaftssystem, das ohne die unbezahlte oder schlecht bezahlte Care-Arbeit zusammenbrechen würde. Ein System, das nur auf Gewinn für wenige ausgerichtet ist und keinerlei Raum für Wertschätzung von wichtiger Care-Arbeit durch angemessene Bezahlung und bessere Bedingungen schafft, trifft zuerst und besonders diejenigen hart, die sich nicht wehren können. Wie viel feministische Revolution für eine bessere, gerechte Welt wäre wohl möglich?

Es macht mich unglaublich wütend, dass Gewaltbetroffene so viel Kraft aufbringen müssen für ein menschenwürdiges Leben nach schrecklichen Gewalterfahrungen. Vielleicht sollten wir uns nicht mehr nur über widerstandsfähige Menschen freuen, die alles aushalten und überleben und dennoch weitermachen können, sondern eine Gesellschaft für alle schaffen, die weniger gewaltvoll und traumatisch ist. Gerade auch für diejenigen, die möglicherweise keine Kraft mehr haben, immer nur auszuhalten und weiterzumachen.

In meinen Vorlesungen im Fach Soziale Arbeit an der Alice Salomon Hochschule in Berlin spreche ich oft über das Thema Partnerschaftsgewalt beziehungsweise häusliche Gewalt. Ich frage die Studierenden im Laufe des Semesters immer, wie eine Welt ohne Gewalt gegen Frauen erreicht werden könnte. Es macht Hoffnung zu sehen, dass diese jungen Menschen, meist Anfang 20, nicht überrascht sind von der Frage und sich sehr gut vorstellen können, dass eine Welt frei von Männergewalt an Frauen möglich ist. Wenn ich Personen über 30 frage, was wir tun könnten, damit es keine Frauenhäuser mehr geben muss, folgt im besten Fall überraschtes Schweigen, im schlimmsten Fall werde ich für meine «Naivität» belächelt. Ich frage mich dann manchmal, wer naiv ist – immerhin konnten sich in den Fünfzigerjahren sicher auch einige nicht vorstellen, dass 20 Jahre später, 1976 in Berlin, das erste Frauenhaus in Westdeutschland von autonomen Fraueninitiativen erkämpft und gegründet werden würde.

Um nachhaltig und wirklich präventiv erfolgreich zu sein, reicht es aber nicht, wenn nur Frauen für ihr Recht auf ein gewaltfreies Leben kämpfen. Viele engagieren sich bereits ehrenamtlich, gründen Schutzeinrichtungen, organisieren Demos, machen auf das Thema aufmerksam, versuchen, laut zu sein. Um endlich auch gehört zu werden, bräuchten sie Männer, die sich mit ihnen und für sie engagieren. Ich frage mich, woher dieses ohrenbetäubende Schweigen der Männer kommt. Die Zahlen zur häuslichen Gewalt müssten mittlerweile sehr vielen bekannt sein, Unkenntnis kann es nicht sein. In der Regel kennt jede Frau Betroffene im Freundes- und Bekanntenkreis. Männer kennen interessanterweise so gut wie nie Täter in ihrem nahen Umfeld. Engagieren sie sich nicht, weil sie nicht betroffen sind, weil sie selbst deutlich seltener Partnerschaftsgewalt erleben? Geht es ihnen zu gut? Können sie Zwänge, Unfreiheiten und Unterdrückung nicht genug «spüren»? Schaffen sie den Perspektivwechsel nicht, weil sie zu privilegiert sind?

Seit September 2022 gibt es eine feministische Revolution im Iran, getragen von großen Teilen der Gesellschaft. Entzündet am Femizid an der jungen Jina Mahsa Amini, deren angebliches Vergehen es war, dass sie ihre Haare nicht korrekt bedeckt hatte. Mich berühren die Bilder der Revolte sehr. Ich sehe ein Land, das um seine Freiheit ringt, seit ich denken kann. Meine Familie ist mit mir aus dem Iran geflüchtet, weil sie für einen Demokratie- und Emanzipationsprozess gekämpft hat und dafür politisch verfolgt, inhaftiert und gefoltert wurde. Diese übergenerationalen Traumata sind für immer mit meiner DNA verwoben. Ich spüre Schmerz, habe aber auch einen kraftvollen, geschärften Blick für Emanzipationsprozesse. Auf einer großen Demo in Berlin gegen die Gewalt des islamischen Regimes sah ich, wie eine Frau und zwei Männer ein Plakat hochhielten, auf dem stand: «You can't burn women made of fire.» Und ich muss daran denken, dass das für Emanzipationsprozesse auf der ganzen Welt gilt.

Das Besondere an den Entwicklungen im Iran ist die Tatsache, dass seit dem Femizid an Jina Mahsa Amini auch Männer mit den Frauen für Frauenrechte auf die Straße gehen. Männer jeden Alters werden bei den Protesten festgenommen und hingerichtet, weil sie für ein freies und selbstbestimmtes Leben aller Menschen kämpfen. Weil sie wissen, dass ihre eigene Freiheit und die Freiheit der Gesellschaft an die Freiheit der Frauen geknüpft sind. Sie haben verstanden, was die US-amerikanische Aktivistin Audre Lorde meinte, als sie sagte: «Ich bin nicht frei, solange noch eine einzige Frau unfrei ist, selbst wenn sich ihre Ketten von meinen unterscheiden.»[1] Eine Gesellschaft, in der die Hälfte der Menschen unterdrückt wird, ist nicht frei, auch nicht für diejenigen, die zu den Unterdrückern gehören könnten.

Alle faschistischen und totalitären Ideologien eint das Motiv der Frauenunterdrückung. Wenn wir für eine freie und gerechte Welt kämpfen wollen – und mit «wir» meine ich alle Geschlechter –, dann müssen wir gegen die Unterdrückung der Frauen kämpfen. Sie kann sehr unterschiedlich aussehen und muss intersektional, also mit Blick auf alle möglichen Formen von Diskriminierung, gedacht werden. Die Freiheit «von» etwas ist nicht dasselbe wie die Freiheit «zu». Oft höre ich in Debatten, dass Frauen für die Freiheit «vom» Kopftuch kämpfen, für die Freiheit «von» der Erwartung, Kinder zu gebären, oder die Freiheit «von» monogamen heteronormativen Beziehungsmodellen. Ich wünsche mir manchmal mehr Solidarität auch untereinander und eine weniger spaltende und mehr verbundene, positive Haltung: Wir kämpfen für die Freiheit «zu», die Freiheit, unser Leben selbstbestimmt *zu wählen*. Und vor allem kämpfen wir dafür, dass für alle Menschen Bedingungen geschaffen werden, unter denen sie überhaupt die Freiheit zur Wahl haben können.

Eine Gesellschaft muss ihre Freiheit daran bemessen, wie frei die verwundbarsten Personen in ihr sind. Und Männer müssen damit beginnen, männliche Gewalt in öffentlichen und privaten Diskursen als solche zu benennen und eine Sprache für sie zu finden, sich immer wieder mit falsch verstandener Männlichkeit und patriarchalen Männerbildern auseinanderzusetzen, sie anzugreifen und radikal neu zu denken. Mit dem Ziel, eine Männlichkeit zu leben, die kein Synonym für Herrschaft ist, sondern Gerechtigkeit mehr liebt als Macht und Dominanz.

Der Blick ins europäische Ausland hilft dabei, einen anderen Umgang mit dem Thema Gewalt gegen Frauen kennenzulernen. In ihrem Buch «Alle drei Tage» beschreiben die

Autor*innen Laura Backes und Margherita Bettoni die Entwicklungen in Frankreich und Spanien. In Frankreich gibt es seit Jahren immer wieder große Demonstrationen mit Zehntausenden Teilnehmer*innen, die so viel Aufmerksamkeit für das Thema schaffen konnten, dass die Regierung das Problem endlich ernst nahm. Der französischen Zivilgesellschaft gelang es über die Proteste, die Politik so sehr unter Druck zu setzen, dass der französische Präsident Macron im Jahr 2019 einen Aktionsplan und einen runden Tisch ins Leben rief. Bei der offiziellen Eröffnung des runden Tisches sagte der französische Premierminister: «Seit Jahrhunderten sind diese Frauen begraben unter Gleichgültigkeit, unserer Verleugnung, unserer Nachlässigkeit, unserem uralten Machismo und unserer Unfähigkeit, diesem Schrecken ins Gesicht zu schauen.» Fast schon radikale Sätze, wenn auch absolut notwendig und wahr, aus dem Mund eines politischen Oberhaupts. Unvorstellbar, dass Angela Merkel oder Olaf Scholz so etwas in Deutschland sagen würden. Auch in Frankreich müssen noch weit mehr Maßnahmen ergriffen werden, aber das Thema wird breit in der Öffentlichkeit debattiert. Eine Auseinandersetzung und Debatte hat in Deutschland in dieser Form bis jetzt nicht stattgefunden.

Spanien gilt als Vorreiter bei der Bekämpfung von Gewalt gegen Frauen. Die spanische Regierung hat bereits im Jahr 2004, also vor nunmehr fast 20 Jahren, ein spanisches Gesetz gegen geschlechtsspezifische Gewalt erlassen, das mit den Worten beginnt: «Geschlechtsspezifische Gewalt ist kein Problem, das die Privatsphäre betrifft. Im Gegenteil, es manifestiert sich als das brutalste Symbol für die Ungleichheit in unserer Gesellschaft. Es ist eine Gewalt, die sich gegen Frauen richtet, weil sie Frauen sind, weil sie von ihren Angreifern als rechtlos angesehen werden: ohne Recht auf Freiheit, Recht auf Respekt, Recht auf eigene Entscheidung.» Mit diesem Gesetz wurde der Kampf gegen Gewalt gegen Frauen zu einem staatlichen Auftrag. Es sieht präventive Maßnahmen vor, unter anderem die Ausbildung von Lehrkräften zu Themen wie Gleichberechtigung. Außerdem wird im Gesetz festgelegt, dass nur noch spezialisierte Gerichte und Staatsanwaltschaften Fälle von häuslicher Gewalt verhandeln dürfen, damit die Verfahren schnell eingeleitet und beendet werden können. Es wird in Fällen von Partnerschaftsgewalt kostenlose rechtliche Beratung zugesichert. Femizide werden in Spanien nicht als private Einzelfälle betrachtet, sondern als strukturelles gesamtgesellschaftliches Problem.[2]

Manchmal werde ich bei Vorträgen von Männern gefragt, was sie gegen Gewalt gegen Frauen und Sexismus machen könnten. Natürlich ist es wichtig, sich laut und öffentlich gegen misogyne Strukturen zu positionieren und sexistisches Verhalten, auch im Freundeskreis, deutlich zurechtzuweisen. Sicher ist es auch gut, feministische Bücher zu lesen und sich mit feministischen Theorien zu befassen. Aber manchmal denke ich, dass eine Veränderung schon beginnen würde, wenn sich Männer radikal und schonungslos mit sich selbst auseinandersetzen und einen ehrlichen Blick in den Spiegel wagen: Wann haben sie ihre Privilegien ausgenutzt, wann haben sie Grenzen überschritten?

Wenn wir von Emanzipation sprechen, denken wir noch viel zu oft nur an Frauen, die sich aus der Unterdrückung befreien sollen. Vielleicht sollten wir endlich von Männern erwarten, dass sie sich emanzipieren und Verantwortung für ihr Verhalten übernehmen. Vielleicht verstehen sie dann auch, dass ihre eigene Freiheit von der Freiheit von Frauen und marginalisierten Gruppen und einer freien Gesellschaft für alle abhängt.

Zur Wahrheit gehört aber auch, dass es beim Problem der

Männergewalt nicht nur den individuellen Blick auf den einzelnen Mann geben darf. Gewalt von Männern gegen Frauen findet nicht in einem luftleeren Raum statt. Solange Kinder und junge Männer in (Wirtschafts-)Strukturen aufwachsen, in denen Macht und Dominanz mehr belohnt werden als Liebe und Empathie, wird die Gewalt nicht aufhören. Konkurrenzdenken und Wettbewerb und das Zusammenspiel von kapitalistischen und patriarchalen Strukturen bilden gemeinsam den perfekten Nährboden für Gewalt gegen Frauen.

In einem Interview mit der Berliner «tageszeitung» zu einer Befragung von Plan International, die zu dem Ergebnis kam, dass jeder dritte junge Mann in Deutschland Gewalt gegen Frauen «eher» oder «voll okay» findet, sagt der Psychologe und Männerforscher Markus Theunert: «Die Anforderungen der Gesellschaft an Männer haben sich nicht im Kern verändert, sondern bloß erweitert. Zu den bisherigen Anforderungen – leistungsstarker Ernährer, der weiß, was er will, und das auch durchsetzen kann – kommen entgegengesetzte hinzu.»[3] Und er sagt weiter: «Das Problem ist die Instrumentalisierung des Gleichstellungsansatzes durch das patriarchal kapitalistische System. Denn dabei bleibt der Mann Maßstab. Ohne fundamentale Männlichkeits- und Patriarchatskritik lassen sich keine gerechten Geschlechterverhältnisse gestalten [...]. Es ist kein Fortschritt, wenn Gleichstellung letztlich meint, dass sich Frauen ähnlich ausbeuterisch verhalten wie Männer.»

Die erwähnte Untersuchung von Plan International wurde von verschiedenen Seiten für Mängel bei der Erhebung kritisiert, aber letztlich ist es unerheblich, wie man zu den verwendeten Methoden steht. Es gibt offizielle Zahlen vom Bundeskriminalamt, die das Problem seit Jahren verdeutlichen: Partnerschaftsgewalt ist von 2016 bis 2021 um 3,4 Prozent gestiegen. Aktuell veröffentlichte Zahlen aus sämtlichen Landeskriminalämtern zeigen einen erschreckenden Anstieg von

9,4 Prozent für das Jahr 2022 im Vergleich zum Vorjahr. Zwei Drittel der Betroffenen sind Frauen.[4] Und was immer wieder betont werden muss: Die Dunkelziffer dürfte deutlich höher sein.

Immer noch gilt Partnerschaftsgewalt als Tabuthema. Als ginge es uns nichts an, wenn jede dritte Frau mindestens einmal im Leben von sexualisierter und/oder körperlicher Gewalt betroffen ist. Wir müssen männliche Gewalt gesamtgesellschaftlich bekämpfen, und das betrifft nicht nur den Bereich Partnerschaft und Familie, sondern auch die Schule, Ausbildungsstätten, den Arbeitsplatz, Vereine und den Freizeitbereich, Freundeskreise. Und die männliche Gewalt beginnt nicht mit einem Faustschlag, sondern mit einer Gesellschaft und einem Staat, die den Raum für die Gewalt schaffen: mit Sexismus, misogynen Mythen, Täter-Opfer-Umkehr, mit Strukturen, die wirtschaftliche Abhängigkeiten schaffen. Und natürlich geht es dabei immer auch um die Verteilung von Macht.

Wir müssen uns fragen, inwieweit die bestehenden wirtschaftlichen und gesellschaftlichen Strukturen Abhängigkeiten von Frauen fördern und immer noch dazu beitragen, dass es Frauen so schwer gemacht wird, sich zu schützen und sich aus einer Gewaltbeziehung zu befreien. Härtere Strafen führen uns nicht weiter, wichtig ist Prävention. Eine Prävention, die den Namen verdient, die das System und unser Denken verändert und spürbare Folgen hat. Klar ist aber, dass solche grundlegenden Veränderungen einigen mehr wehtun und mehr abverlangen werden, viele müssen auf Privilegien verzichten. Aber so ist das mit der Macht: Sie erscheint als gegeben und natürlich, als ungeschriebenes Gesetz, das wir hinnehmen müssen, bis wir kommen und «Nein» sagen, sie infrage stellen und mit Kraft an den bestehenden Strukturen rütteln.

Ich bin wütend. Wütend über die vielen Ungerechtigkeiten, die meinen Mandant*innen widerfahren. Wütend darüber, dass Partnerschaftsgewalt von Justiz und Verwaltung nicht ernst genommen wird, dass nichts gegen Strukturen unternommen wird, die die Gewalt gegen Frauen nicht nur nicht verhindern, sondern sogar begünstigen. Ich bin wütend darüber, dass arme, migrantische Frauen noch schlechteren Zugang zu Schutz haben, dass jeden zweiten bis dritten Tag eine Frau durch die Gewalt ihres (Ex-)Partners stirbt. Der einzige Grund, warum ich nicht regelmäßig in Gerichtsverhandlungen vor Ohnmacht und Wut anfange zu schreien, ist die gut erlernte Fähigkeit, meine Gefühle im Griff zu behalten.

Frauen lernen früh, dass sie nicht ernst genommen werden, wenn sie laut und zornig sind. Sie gelten schnell als «hysterisch» und anstrengend. Unsere Gesellschaft hat die unsichtbare Norm geschaffen, dass männliche Wut nicht als Emotion wahrgenommen wird, während Frauen, die wütend werden, als «emotional» gelten. Er ist wütend, sie ist emotional.

Bei der juristischen Arbeit widerspricht Emotionalität dem Selbstverständnis der Jurist*innen als unpolitische, nüchterne, neutrale «Handwerker*innen» des Rechts. Gefühle sollen in Verhandlungen außen vor bleiben, den sachlichen Kern des Problems nicht verdecken. In Gerichtsverhandlungen musste ich mir schon Sätze anhören wie: «Sie müssen sich doch nicht so aufregen, es geht ja nicht um Sie.» Aber wie kann es uns nicht alle angehen, wenn Entscheidungen in einem System getroffen werden, das so viele Menschen strukturell benachteiligt? Wegschauende «Neutralität» kann bei diskriminierenden Strukturen nicht parteilos sein, vielmehr hält sie das System und die Ungerechtigkeiten aufrecht. Wut bedeutet nicht die Abwesenheit von Sachlichkeit. Wut gepaart mit Empathie hilft uns, genau hinzuschauen, Ungerechtigkeiten zu sehen und auszugleichen. Wenig macht mich so wütend wie

Menschen, die aus privilegierten Positionen heraus um mehr «Sachlichkeit» bitten, während sich marginalisierte und von der Mehrheitsgesellschaft unsichtbar gemachte Menschen gegen Ungerechtigkeiten wehren und dabei laut sein *müssen*.

In jedem Fall von Partnerschaftsgewalt manifestiert sich politisches Versagen. Mehr als das, in der politischen Untätigkeit manifestiert sich die Absicht, patriarchale Strukturen zu stabilisieren und zu erhalten. Das Recht und die Institutionen, die es durchsetzen sollen, üben strukturell Gewalt gegen Frauen aus. Aber was machen wir mit dieser Erkenntnis? Ein Teil der Antwort ist natürlich, dass wir Probleme nur beheben können, wenn wir sie kennen. Aber es wäre auch naiv zu glauben, dass allein gute Kenntnis auch zur guten Tat führt. Viele der hier zusammengetragenen Missstände sind bekannt. Sie zu beheben, wäre politisch längst möglich gewesen. Oft gab es Kampagnen, die es versucht haben. Dieses Engagement ist auch jetzt elementar. Wir müssen weiter in starker, solidarischer Allianz mit allen Gruppen, die unter der patriarchalen Herrschaft des geltenden Rechts leiden, dafür kämpfen, dass sich der gesellschaftliche Status quo ändert. Wir müssen uns weiter mit aller Kraft für die Veränderung des geltenden Rechts beziehungsweise der Rechtsanwendung einsetzen.

Müssen wir dabei möglicherweise so weit gehen, Regeln zu brechen? Diese Frage klingt radikal, aber sie ist es nicht. Wir müssen uns klar sein, dass Recht niemals neutral ist. Es ist immer Ausdruck der herrschenden Gesellschaftsordnung. In einer Gesellschaft, die noch immer misogyn und rassistisch geprägt ist, sind auch das Recht und seine Anwendung Ausdruck dieser Diskriminierung. Wenn ich also sage, dass wir möglicherweise auch Regeln brechen müssen, dann möchte ich, dass wir uns bewusst machen, was es für Frauen bedeutet hat, sich rechtmäßig zu verhalten. Man muss es sich immer wieder vor Augen führen: Bis 1962 war es Frauen rechtlich untersagt, ein eigenes Bankkonto zu eröffnen. Bis 1977 war es Frauen nicht erlaubt, ohne Einverständnis ihrer Ehemänner erwerbstätig zu sein. 1968 gehörte es – jedenfalls nach Auslegung des Bundesgerichtshofs – zu den ehelichen Pflichten einer Frau, beim Sex echten Genuss zu zeigen, und zwar unabhängig davon, ob das, was ihr Ehemann tat, für sie angenehm war. Die Frage, die wir uns stellen müssen, ist: Hat die Ehefrau, die 1960 ein Konto eröffnete, um der wirtschaftlichen Gewalt ihres Mannes zu entgehen, das Recht gebrochen? Hat die Bankmitarbeiterin, die ihr dabei half, Pflichten aus ihrem Arbeitsverhältnis verletzt? Brach die Ehefrau, die 1975 weiter ihrer Arbeit nachging, obwohl ihr Ehemann seine Zustimmung entzogen hatte, das Recht? War die Ehefrau, die 1967 beim Sex mit ihrem Ehemann keinen Genuss zeigte oder ihn sogar abwies, eine Gesetzesbrecherin? Die Antwort auf all diese Fragen hängt davon ab, was wir gesellschaftlich für normal halten. Heute würden wir in den meisten dieser Fälle sagen, dass nicht die Frauen das Recht gebrochen haben, sondern dass sie es waren, denen Unrecht widerfuhr – unter dem Deckmantel des Rechts.

Die gleichen Fragen stellen sich auch heute. Im Oktober 2022, so berichtete es der «Spiegel», stellte sich die Sozialarbeiterin Carola Wilcke der Polizei in den Weg, als diese sich Zutritt zu ihrer Wohnung verschaffen wollte.[5] Die Einsatzkräfte waren beauftragt, einer Mutter, der Wilcke Unterschlupf gewährte, ihren fünf Wochen alten Säugling wegzunehmen. Die Mutter war laut Bericht aus Angst vor psychischer Gewalt ihres Expartners zu Wilcke geflohen. Wilcke, die selbst Pflegemutter ist, sollte nach diesem Vorfall die Eignung abgesprochen werden, als Pflegemutter tätig zu sein. Sie biete nicht mehr die nötige Neutralität und Stabilität, wenn sie derart aktivistisch tätig werde. War es Unrecht, dass Wilcke sich schützend vor eine schutzsuchende Mutter und ihr Kind stellte?

Was das Recht hier verlangt, ist nicht Neutralität, sondern Untätigkeit im Angesicht von struktureller Gewalt. So sehr wir uns dafür einsetzen müssen, das Recht zu ändern, können wir es uns doch nicht immer leisten abzuwarten, bis das Recht geändert ist. Die Gewalt, die das geltende Recht an vielen Stellen ausübt, bedroht heute die Selbstbestimmung und die Gesundheit von Frauen.

Ich glaube nicht, dass es utopisch ist, für eine Gesellschaft zu kämpfen, in der es keine Gewalt mehr gegen Frauen gibt. Es ist die Pflicht der Politik und aller deutschen Institutionen, dafür zu sorgen, dass Frauen ein autonomes und menschenwürdiges Leben frei von Gewalt führen können und Partnerschaften nicht aufgrund struktureller Abhängigkeiten bestehen bleiben, sondern aufgrund einer selbstbestimmten Entscheidung.

Wir müssen wütender werden. Wir brauchen eine Wut, die nicht lähmt, sondern Raum für Erkenntnisgewinn lässt, eine Wut, aus der wir Kraft schöpfen können, um gesellschaftliche Veränderungen zu bewirken, die mehr Gerechtigkeit und Freiheit für *alle* bedeuten.

Anmerkungen

I. Die Situation der Frau

1 BKA: Kriminalstatistische Auswertung Partnerschaftsgewalt, Berichtsjahr 2021.

2 BMFSFJ (2016): Mitten im Leben, Wünsche und Lebenswirklichkeiten von Frauen zwischen 30 und 50. https://www.bmfsfj.de/resource/blob/83858/928434dae7d841aadc5d2b0ef137573b/20160307-studie-mitten-im-leben-data.pdf

3 Siehe u. a. Fischbach, Isa; Bartsch, Beatrice; Rietzsch, Juliane: ElitePartner Studie 2018, S. 23.

4 Morris, Craig Eric: Quantitative Sex Differences in Response to the Dissolution of a Romantic Relationship, in: *Evolutionary Behavioral Sciences*, July 2015 9 (4).

5 Groiß, Julia; Schneebaum, Alyssa; Schuster, Barbara (2017): Vermögensunterschiede nach Geschlecht in Österreich und Deutschland: Eine Analyse auf Personenebene, Working-Paper-Reihe der AK Wien – Materialien zu Wirtschaft und Gesellschaft 168.

6 Bertelsmann-Stiftung (Hrsg.), Barišić, Manuela; Consiglio, Valentina Sara: Frauen auf dem deutschen Arbeitsmarkt, Was es kostet, Mutter zu sein. Gütersloh 2020, S. 6 f.

7 Kleven, Hendrik, u. a.: Child Penalties across Countries: Evidence and Explanations, in: AEA Papers and Proceeding, 109, Mai 2019, S. 122–126.

8 https://www.destatis.de/DE/Themen/Querschnitt/Demografischer-Wandel/Aeltere-Menschen/lebensformen.html

9 Redecker, Eva: Revolution für das Leben, Philosophie der neuen Protestformen, Frankfurt 2020, S. 32.

10 https://www.bundestag.de/dokumente/textarchiv/2021/kw39-wahlstatistik-863722; Niedermayer, Oskar: Parteimitglieder in Deutschland: Version 2020. Arbeitshefte aus dem Otto-Stammer-Zentrum, Nr. 31, Berlin 2020, S. 23, https://refubium.fu-berlin.de/handle/fub188/27961

II. Formen der Gewalt

1 BKA: Kriminalstatistische Auswertung Partnerschaftsgewalt – Berichtsjahr 2019.

2 https://www.zeit.de/gesellschaft/2023-07/haeusliche-gewalt-lagebericht-bka-2022#:~:text=Lagebericht%20des%20BKA%20F%C3%A4lle%20h%C3%A4uslicher

3 https://www.bmi.bund.de/SharedDocs/pressemitteilungen/DE/2022/11/bka-partnerschaftsgewalt.html

4 BMFSFJ, Lebenssituation, Sicherheit und Gesundheit von Frauen in Deutschland, Eine repräsentative Untersuchung zu Gewalt gegen Frauen in Deutschland, 2004. https://www.bmfsfj.de/resource/blob/84316/10574a0dff2039e15a9d3dd6f9eb2dff/kurzfassung-gewalt-frauen-data.pdf

5 https://www.bmfsfj.de/bmfsfj/themen/gleichstellung/frauen-vor-gewalt-schuetzen/frauen-mit-behinderungen-schuetzen/gewalt-gegen-frauen-mit-behinderungen-80650

6 https://www.hs-merseburg.de/hochschule/information/neuigkeiten/details/sachsenweite-dunkelfeldbefragung-zu-geschlechtsspezifischer-gewalt-abgeschlossen/

7 Reinhard Haller, Psychiater und Gerichtsgutachter, im Interview, in: Wenzel, Caroline: Vom Traum zum Trauma: Psychische Gewalt in Partnerschaften, Stuttgart 2022.

8 Die US-amerikanische Psychologin Lenore A. Walker untersuchte 1979 missbräuchliche bzw. heute als «toxisch» beschriebene Beziehungen und prägte in ihrem Werk «The Battered Women Syndrome» als Erste den Begriff des «cycle of abuse» (Kreislauf des Missbrauchs). Nach einer physisch oder psychisch gewaltsamen Tat folgen in dem von ihr beschriebenen Zyklus Phasen der «Versöhnung» und der «Ruhe», die in einer Vielzahl von Fällen auch dadurch gekennzeichnet sind, dass die Täter*innen ein Ende der Gewalt versprechen und dem Opfer sehr viel – oder sogar ein Übermaß – als «Liebe» empfundener Affektion entgegenbringen. Walker, Leonore A.: Battered Women: A Psychological Study of Domestic Violence, in: Psychology of Women Quarterly 4 (1), 1979.

9 https://www.gwi-boell.de/de/2010/02/12/und-manche-sind-gleicher-vom-ehegatten-splitting-profitieren-paare-sehr-unterschiedlich

10 https://www.gwi-boell.de/de/ehegattensplitting-die-zeit-ist-abgelaufen

11 https://www.gwi-boell.de/de/2010/02/12/geschichte-des-ehegattensplitting-von-der-nicht-diskriminierung-von-paaren-zur

12 https://www.bertelsmann-stiftung.de/de/themen/aktuelle-meldungen/2021/juli/armutsrisiko-von-alleinerziehenden-verharrt-auf-hohem-niveau

13 Ebd.

III. Macht und Kontrolle

1 https://www.bmfsfj.de/resource/blob/186176/81ff4612aee448c7529f775e60a66023/vaeterreport-update-2021-data.pdf

2 BMFSFJ (2016): Mitten im Leben, Wünsche und Lebenswirklichkeiten von Frauen zwischen 30 und 50. https://www.bmfsfj.de/resource/blob/83858/928434dae7d841aadc5d2b0ef137573b/20160307-studie-mitten-im-leben-data.pdf

3 Hubert, Sandra; Neuberger, Franz; Sommer, Maximilian (2020): Alleinerziehend, alleinbezahlend? Kindesunterhalt, Unterhaltsvorschuss und Gründe für den Unterhaltsausfall, in: Zeitschrift für Soziologie der Erziehung und Sozialisation, 40, (1), S. 25.

4 Die Düsseldorfer Tabelle ist eine vom OLG Düsseldorf in Abstimmung mit anderen Oberlandesgerichten und dem Familiengerichtstag entwickelte und bundesweit anerkannte Richtlinie zum Unterhaltsbedarf. Sie baut auf dem Mindestunterhalt minderjähriger Kinder auf. Das Oberlandesgericht Düsseldorf aktualisiert die Unterhaltssätze regelmäßig und passt sie den aktuellen Umständen an.

5 https://www.zdf.de/nachrichten/panorama/alleinerziehende-arm-kinderarmut-100.html

6 Hubert; Neuberger; Sommer (2020), S. 31.

7 BMFSFJ: Bericht Beruflicher Wiedereinstieg nach der Familiengründung 2010. https://www.bmfsfj.de/resource/blob/93356/842fbc2a9c2172c460b7127e086bac35/beruflicher-wiedereinstieg-nach-der-familiengruendung-data.pdf

8 https://www.zeit.de/politik/deutschland/2023–01/rente-vollzeit-frauen-linke-dietmar-bartsch

9 Hobler, Dietmar; Pfahl, Svenja; Spitznagel, Julia: Zeitaufwand für bezahlte und unbezahlte Arbeit 2012/2013, Wirtschafts- und Sozialwissenschaftliches Institut. https://www.wsi.de/de/sorgearbeit-14618-zeitaufwand-fuer-bezahlte-und-unbezahlte-arbeit-20122013–14913.htm

10 Die Istanbul-Konvention des Europarats ist ein internationales Abkommen zur Bekämpfung geschlechtsspezifischer Gewalt gegen Frauen und Mädchen, das in Deutschland im Februar 2018 in Kraft getreten ist. Sie definiert Gewalt gegen Frauen und Mädchen als Menschenrechtsverletzung. In der Konvention werden alle Handlungen als geschlechtsspezifische Gewalt bezeichnet, die zu körperlichen, sexuellen, psychischen oder wirtschaftlichen Schäden oder Leiden bei Frauen führen oder führen können.
Die Istanbul-Konvention hat das Ziel, Frauen und Kinder vor Gewalt zu schützen. Die Vertragsstaaten, also auch Deutschland, verpflichten sich, Gewalt gegen Frauen einzudämmen, zu verfolgen und zu beseitigen. Aber geschieht das in ausreichendem Maß? Wie sehen die Abhängigkeiten in Beziehungen aus, und wie werden sie ausgenutzt? Wie entwickeln sie sich? Wie entstehen daraus gewaltvolle Beziehungen in psychischer und physischer Hinsicht? Und was hindert Frauen daran, solche Beziehungen zu beenden?

11 Hierzu ausführlich: https://www.djb.de/presse/stellungnahmen/detail/st20–12

12 https://www.rki.de/DE/Content/Gesundheitsmonitoring/Gesundheitsberichterstattung/GBEDownloadsB/frauenbericht/08_Gewalt_gegen_Frauen.pdf?__blob=publicationFile; Kap. 8, S. 316 f.

13 Eine Übersicht über die rechtliche Lage in allen US-Bundesstaaten findet sich hier: https://fullerproject.org/story/how-major-abortion-laws-compare-state-by-state-map/. Zum Kontext: In Ländern, in denen Abtreibungen grundsätzlich legal sind, führen 41 von 1000 Frauen im Alter von 15 bis 49 Jahren eine Abtreibung durch. In Ländern, in denen Abtreibungen gänzlich verboten sind, sind es 39.

14 https://www.who.int/news-room/fact-sheets/detail/abortion

15 https://www.faz.net/aktuell/politik/ausland/usa-zehnjaehrige-musste-fuer-abtreibung-in-anderen-staat-reisen-18171460.html

16 CEDAW/C/GC/35, General recommendation No. 35 on gender-based violence against women, updating general recommendation No. 19.

17 https://www.rbb24.de/panorama/beitrag/2023/03/interview-pro-familia-schwangerschaftsabbrueche-berlin-gestiegen.html

18 https://www.zdf.de/nachrichten/politik/kinderarmut-deutschland-bertelsmann-analyse-100.html

IV. Die staatlichen Institutionen

1 Habermann, Julia: Wissensvermittlung statt Gesetzesänderung, in: APuZ Femizid 73 (14) 2023; vgl. auch: Herbers, Karin; Lütgert, Heike; Lambrecht, Jürgen: Tötungen an Frauen durch (Ex)Intimpartner. Polizeiliche und nicht polizeiliche Erkenntnisse zur Tatvorgeschichte, in: Kriminalstatistik 6, 2007, S. 377–385.

2 Sarah Haque: Police Officers Accused of Abuse Avoid Convictions and Keep their Jobs, in: Bureau of Investigative Journalism, 17. März 2022; https://www.thebureauinvestigates.com/stories/2022–03–17/police-officers-accused-of-abuse-avoid-convictions-and-keep-their-jobs.

3 Schutzbach, Franziska: Die Erschöpfung der Frauen – Wider die weibliche Verfügbarkeit, München 2021, S. 39 f.

4 Nandi, Jacinta: 50 Ways to Leave Your Ehemann, Hamburg 2022, S. 202.

5 Bücker, Teresa: Alle_Zeit. Eine Frage von Macht und Freiheit, Berlin 2022, S. 290.

6 Emcke, Carolin: Ja heißt ja und …, Frankfurt 2019, S. 12.

7 BMFSFJ: Gemeinsam gegen häusliche Gewalt, Kooperation, Intervention, Begleitforschung, Rostock 2004. https://www.bmfsfj.de/resource/blob/84320/609431029f5401743fb93f319c600b77/kurzfassung-wibig-deutsch-data.pdf

8 OLG Hamm, Beschluss vom 03.12.2013 – II-2 UF 105/13.

9 Daniel Loick im Interview mit Friedrich Weißbach, Philosophie Magazin, 15. Juli 2022. https://www.philomag.de/artikel/was-ist-abolitionismus-herr-loick

10 Cruschwitz, Julia; Haentjes, Carolin: Femizide. Frauenmorde in Deutschland, Stuttgart 2022, S. 81.

11 Eine gemeinsame Presseerklärung der African Refugees Association-ARA, der Black Students Organisation-BSO, SOS Struggles Of Students und ADEFRA e. V. findet sich in Sow, Noah: Deutschland Schwarz Weiss, Der alltägliche Rassismus, 2018, S. 148f.

12 Clemm, Christina: AktenEinsicht, Geschichten von Frauen und Gewalt, München 2020, S. 54–55.

13 Meltzer, Christine E.: Tragische Einzelfälle? Wie Medien über Gewalt gegen Frauen berichten, OBS Arbeitspapier 47, Frankfurt am Main 2021. https://www.otto-brenner-stiftung.de/fileadmin/user_data/stiftung/02_Wissenschaftsportal/03_Publikationen/AP47_Tragische_Einzelfaelle.pdf

14 BKA: Kriminalstatistische Auswertung Partnerschaftsgewalt, Berichtsjahr 2021: Von insgesamt 118 148 bei vollendeten und versuchten Delikten der Partnerschaftsgewalt erfassten Tatverdächtigen waren 65,6 % deutsche Staatsangehörige.

15 https://www.berlin.de/familie/informationen/was-jugendaemter-leisten-160

16 https://www.gew.de/aktuelles/detailseite/mehr-geld-und-mehr-personal-noetig

17 https://www.destatis.de/DE/Themen/Gesellschaft-Umwelt/Soziales/Kinderschutz/Tabellen/inobhutnahmen.html

18 https://taz.de/Kuerzungen-bei-Jugendhilfe-in-Berlin/!5709690/; https://www.gew.de/aktuelles/detailseite/mehr-geld-und-mehr-personal-noetig

V. Vor dem Familiengericht

1 Siehe hierzu: https://www.boell.de/de/2021/10/04/antifeminismus-auf-dem-weg-durch-die-institutionen

2 https://www.boell.de/de/2021/10/04/antifeminismus-auf-dem-weg-durch-die-institutionen, S. 27: «Doch anders als etwa die Entgeltungleichheit ist der GEG [Gender Empathy Gap] nicht im Ausschluss von gesellschaftlichen Ressourcen begründet, sondern geradezu die Voraussetzung dafür, am privilegierten Zugang zu Macht und Ressourcen festhalten zu können. Er ist quasi der Preis, den Jungen und Männer für das Aufrechterhalten männlicher Hegemonie in Politik, Wirtschaft und Gesellschaft zu zahlen haben. Hingegen machen Maskulisten und Väterrechtler den Feminismus, die Gleichstellungspolitik und die Frauen im Allgemeinen für fehlendes Mitleid mit Jungen verantwortlich.»

3 Baer, Susanne: Justitia ohne Augenbinde? Zur Kategorie Geschlecht in der Rechtswissenschaft, in: Koreuber, Mechthild; Mager, Ute (Hrsg.): Recht und Geschlecht. Zwischen Gleichberechtigung, Gleichstellung und Differenz, Baden-Baden 2004, S. 19, 31.

4 OLG Karlsruhe, Beschluss vom 18.02.2013–18 UF 13/11.

5 Alternativbericht zur Umsetzung des Übereinkommens des Europarats zur Verhütung und Bekämpfung von Gewalt gegen Frauen und häuslicher Gewalt, Bündnis Istanbul-Konvention, Februar 2021, S. 107 f.

6 Statistisches Bundesamt, 2021: Anzahl alleinerziehender Mütter und Väter mit minderjährigen Kindern in Deutschland 2006–2019, veröffentlicht auf Statista; https://de.statista.com/statistik/daten/studie/486484/umfrage/alleinerziehende-mit-minderjaehrigen-kindern-in-deutschland-nach-geschlecht/

7 Hubert; Neuberger; Sommer (2020), S. 33.

8 Hamblen, Jessica; Barnett, Erin (2009): PTSD in Children and Adolescents. National Center for PTSD. https://www.ptsd.va.gov/professional/treat/specific/ptsd_child_teens.asp Marmion, Shelly; Lundberg-Love, Paula (2008): PTSD Symptoms in College Students Exposed to Interparental Violence: Are they Comparable to those that Result from Child Physical and Sexual Abuse, in: Journal of Aggression, Maltreatment & Trauma, Vol. 17(3), S. 274 f.; Miller, Susannah (2011): The Relation of Witnessing Interparental Violence to PTSD and Complex PTSD, University of North Texas, S. 70 f.

9 Die Gerichte weisen nur in Ausnahmefällen Rechtsmittel wegen Rechtsmissbrauchs zurück, die Hürden sind hoch. Das OLG Zweibrücken hat in einem aktuellen Fall, in dem der Expartner 409 (!) verschiedene rechtliche Vorgänge angestrebt hat, irgendwann die Rechtsmittel als missbräuchlich abgewiesen: «Ein Rechtsmittel ist dann als rechtsmissbräuchlich einzustufen, wenn der Rechtsmittelführer die ihm eingeräumten prozessualen Möglichkeiten nicht zur Wahrung seiner Belange, sondern gezielt zu verfahrensfremden und verfahrenswidrigen Zwecken einsetzt, etwa um den Antragsgegner zu schädigen oder das Gericht zu belästigen. In einem solchen Fall wird ein sachliches, von der eingeräumten prozessualen Befugnis gedecktes Anliegen nicht mehr verfolgt.» (OLG Zweibrücken, Beschluss vom 16. März 2021–1 Ws 367/19.)

10 BMFSJ (2004), S. 268: «So hatten Frauen, die in Kindheit und Jugend körperliche Auseinandersetzungen zwischen ihren Eltern mitbekommen haben, mehr als doppelt so häufig selbst Gewalt durch (Ex-)Partner erlebt wie Frauen, die keine körperlichen Auseinandersetzungen zwischen ihren Eltern erlebt haben (47 Prozent vs. 21 Prozent). Befragte, die angaben, häufig oder gelegentlich Gewalt durch Erziehungspersonen erlebt zu haben, gaben fast dreimal so häufig eine Viktimisierung durch Gewalt in Paarbeziehungen an wie Frauen, die nie Gewalt durch Erziehungspersonen erlebt hatten (13 Prozent vs. 38 Prozent). Auch Frauen, die sexuellen Missbrauch vor dem 16. Lebensjahr erlitten haben, waren in unserer Untersuchung mehr als doppelt so häufig später Opfer von Gewalt durch (Ex-)Partner geworden (23 Prozent vs. 54 Prozent).» Siehe dazu auch: Saltzman, K. M.; Holden, G. W.; Holahan, C. J. (2005): The Psychobiology of Children Exposed to Marital Violence, in: Journal of Clinical Child and Adolescent Psychology, 34(1), S. 129–139, DOI: 10.1207/s15374424jccp3401_12.

11 Renz-Polster, Herbert: Erziehung prägt Gesinnung, Wie der weltweite Rechtsruck entstehen konnte und wie wir ihn aufhalten können, München 2019.

12 Vgl. hierzu ebd., S. 10.

13 Hannemann, Annika; Stötzel, Manuela: Die Verfahrenspflegschaft im deutschen Rechtssystem, in: ZKJ 2 (2009), S. 58, 63.

14 BT-Drs. 13/4899, 130. Das Gericht soll «entsprechend den Besonderheiten eines jeden

Falls beispielsweise auch Sozialarbeiter und Sozialpädagogen, Kinderpsychologen und unter Umständen engagierte Laien – das können etwa auch Verwandte sein – als selbstständige Interessenvertreter für ein minderjähriges Kind bestellen».

15 Dort heißt es: «Es sollte eine Ergänzung [im Abs. 1, S. 3] geben: ‹sowie eine für die Tätigkeit als Verfahrensbeistand spezifische Zusatzqualifikation – analog dem Weiterbildungszertifikat der Berufsverbände BVEB und AdK München – erbracht werden›.» Berufsverband der Verfahrensbeistände (2021): Stellungnahme des BVEB zum Referentenentwurf des BMJV – Entwurf eines Gesetzes zur Bekämpfung sexualisierter Gewalt gegen Kinder; https://www.bmj.de/SharedDocs/Gesetzgebungsverfahren/DE/Bekaempfung_sex_Gewalt_Kinder.html

16 Siehe ebd.: «Wir fordern zusätzlich die Schaffung einer geeigneten Instanz, die die Aufgabe der Registrierung, der Prüfung der Qualifikationsnachweise und Fortbildungsnachweise sowie der Aktualität der Führungszeugnisse erfüllen kann.»

17 Dahm, Sabine (2017): Die «Geeignetheit» von Verfahrensbeiständen gem. § 158 FamFG, in: Soziale Arbeit und Gesundheit im Gespräch 7 (2017).

18 Diese fehlende Einwirkungsmöglichkeit wird von Verbänden für den Frauenschutz kritisiert. So bemängelt der Verein Frauenhauskoordinierung e. V.: «Gerade vor dem Hintergrund der geforderten Qualifizierung und Fortbildung muss es eine Möglichkeit geben, die Vertretung durch einen ungeeigneten Verfahrensbeistand abzulehnen – auch für den Fall, dass zum Kind keine vertrauensvolle Beziehung aufgebaut wird.» Frauenhauskoordinierung e. V. (2021): Stellungnahme von Frauenhauskoordinierung zum Referentenentwurf des Bundesministeriums der Justiz und für Verbraucherschutz – Entwurf eines Gesetzes zur Bekämpfung sexualisierter Gewalt gegen Kinder.

19 https://dejure.org/gesetze/FamFG/155.html

20 Verband alleinerziehender Mütter und Väter, Bundesverband e. V. (VAMV), Stellungnahme zum Regelungsvorschlag zur Schaffung eines präventiven Rechtsbehelfs bei überlangen Verfahren in bestimmten Kindschaftssachen (Diskussionsentwurf des Bundesministeriums der Justiz und für Verbraucherschutz vom 03. 12. 2015); https://www.vamv.de/fileadmin/user_upload/bund/dokumente/Beschluesse/Kindschaftsrecht/VAMV_Stellungnahme__UEberlange_Verfahren_in_Kindschaftssachen_2016.pdf

21 Vgl. Alternativbericht zur Umsetzung des Übereinkommens des Europarats zur Verhütung und Bekämpfung von Gewalt gegen Frauen und häuslicher Gewalt, Bündnis Istanbul-Konvention, Februar 2021, S. 118.

22 Beirat der Europäischen Richter (2010), Magna Charta der Richter; https://rm.coe.int/magna-carta-allemand/168063e448

23 Statista (2015), Quellenangabe: BMJV 2015, https://de.statista.com/statistik/daten/studie/454023/umfrage/gutachten-durch-sachverstaendige-pro-jahr-in-deutschland-nach-gerichtsart/; Statistisches Bundesamt (2021), Familiengerichte. Fachserie 10, Reihe 2.2.

24 Verlässliche Daten hierzu fehlen. Auch Wolfgang Hammer macht in seinem Bericht zur Lage des Familienrechts in Deutschland eine entsprechende Feststellung; Hammer, Wolfgang (2022): Familienrecht in Deutschland – Eine Bestandsaufnahme, S. 28, https://www.familienrecht-in-deutschland.de/studie/.

25 Hammer (2022), S. 29.

26 Salewski, Christel; Stürmer, Stefan: Qualitätsmerkmale in der familienrechtspsychologischen Begutachtung; Fernuniversität in Hagen 2014. https://www.fernuni-hagen.de/psychologie/docs/untersuchungsbericht1_fprgutachten_2014.pdf

27 Hammer (2022), S. 29.

28 Vgl. dazu Eichhorn, Anja: Häusliche Gewalt und Umgang als Menschenrechtsverletzung gegen Frauen, in: Soziale Arbeit 66 (2017), 3.

29 CEDAW, 18.07.2014, González Carreño v. España. Zusammenfassung durch das Deutsche Institut für Menschenrechte, hier: https://www.institut-fuer-menschenrechte.de/menschenrechtsschutz/datenbanken/rechtsprechungsdatenbank-ius-menschenrechte/detail/cedaw-mitteilung-nr-472012-gonzalez-carreno-vs-espana.

30 Auszüge aus dem Bericht und eine Stellungnahme der Bundesregierung finden sich hier: https://www.bmfsfj.de/resource/blob/202392/e787f7b7e9a3327a2887b972032e9548/stellungnahme-bundesregierung-grevio-bericht-data.pdf Die Langfassung hier: https://www.bmfsfj.de/resource/blob/202386/3699c9bad150e4c4ff78ef54665a85c2/grevio-evaluierungsbericht-istanbul-konvention-2022-data.pdf

31 Greuel, Luise: Forschungsprojekt Gewalteskalation in Paarbeziehungen, Abschlussbericht, Institut für Polizei und Sicherheitsforschung 2009; https://publikationen.uni-tuebingen.de/xmlui/bitstream/handle/10900/79795/Gewaltesk_Forschungsproj_lang.pdf?sequence=1&isAllowed=y

32 Hammer (2022), S. 87.

33 Umfassend: Bruch, Carol: Parental Alienation Syndrome und Parental Alienation: Wie man sich in Sorgerechtsfällen irren kann, in: Zeitschrift für das gesamte Familienrecht, Bd. 49, Nr. 19, 2002, S. 1304–1315.

34 Dettenborn, Dorsch: Lexikon der Psychologie; https://dorsch.hogrefe.com/stichwort/parental-alienation-syndrome/

35 https://die-mias.de/blog/2023/06/22/reem-alsalem-familiengerichte-gewalt-muetter-kinder/

36 Meier, Joan, u. a. (2019): Child Custody Outcomes in Cases Involving Parental Alienation and Abuse Allegations, Social Science Research Network; https://papers.ssrn.com/sol3/papers.cfm?abstract_id=3448062

37 https://www.dji.de/veroeffentlichungen/pressemitteilungen/detailansicht/article/867-wenn-unterhaltspflichtige-elternteile-nicht-zahlen.html

38 https://wir-sind-alleinerziehend.de/wissen/kindesunterhalt-kuerzen/

39 Walper, Sabine: Die Trennung kann für Kinder eine Erlösung sein, DJI Bulletin Nr. 89, S. 11; https://www.dji.de/fileadmin/user_upload/bulletin/d_bull_d/bull89_d/DJIB_89.pdf

40 Steinke, Ronen: Vor dem Gesetz sind nicht alle gleich. Die neue Klassenjustiz, Berlin 2022, S. 37.

VI. Das Mindeste an Hilfe

1 hooks, bell: Männer, Männlichkeit und Liebe, Der Wille zur Veränderung, Berlin 2022.

2 Rommel, Alexander, u. a.: Inanspruchnahme psychiatrischer und psychotherapeutischer Leistungen, Journal of Health Monitoring, 2017, 2 (4).

3 https://www.fr.de/politik/es-wird-oft-gefragt-warum-sich-die-frau-nicht-trennt-aber-seltener-warum-der-mann-nicht-mit-der-gewalt-aufhoert-90188006.html
4 Dobash, R. Emerson, u.a. (2000): Changing Violent Men, in: Sage Series on Violence against Women; Gondolf, Eward: Batterer intervention Systems, London 2002; WiBIG, BMFSFJ (2004), Täterarbeit im Kontext von Interventionsprojekten gegen häusliche Gewalt; Barz, Monika; Helfferich, Cornelia: Landesstiftung Baden-Württemberg (2006), Häusliche Gewalt beenden: Verhaltensänderung von Tätern als Ansatzpunkt.
5 Jones, Alison, u. a. (2004): Assessing the Effect of Batterer Program Completion on Reassault Using Propensity Scores, in: Journal of Interpersonal Violence, 19(9), S. 1002–1020; https://doi.org/10.1177/0886260504268005
6 Sacco, Sylvia (2017): Häusliche Gewalt. Kostenstudie für Deutschland. Gewalt gegen Frauen in (ehemaligen) Partnerschaften, Hamburg 2017.
7 BGH, Urteil vom 2. November 1966 – IV ZR 239/65.
8 BGH 2 StR 349/08 – Urteil vom 29. Oktober 2008 (LG Bonn).
9 https://www.zeit.de/kultur/2021–02/mord-frauen-femizid-ehrenmord-justiz-rassismus-10nach8
10 https://autonome-frauenhaeuser-zif.de/wp-content/uploads/2020/06/ZIF-Broschu%CC%88re-IK.pdf
11 https://correctiv.org/aktuelles/2023/03/06/haeusliche-gewalt-frauenhaus-platz-finden/
12 Stand: 22. Juni 2023; https://www.frauenhauskoordinierung.de/hilfe-bei-gewalt/frauenhaus-und-fachberatungsstellensuche.
13 BMFSFJ (2012), Lebenssituation und Belastungen von Frauen mit Beeinträchtigungen und Behinderungen in Deutschland, S. 24; https://www.bmfsfj.de/bmfsfj/service/publikationen/lebenssituation-und-belastungen-von-frauen-mit-beeintraechtigungen-und-behinderungen-in-deutschland-80576.

Schluss: Keine Utopien

1 Lorde, Audre: Sister Outsider, München 2021, S. 26.
2 Backes, Laura; Bettoni, Margherita: Alle drei Tage. Warum Männer Frauen töten und was wir dagegen tun müssen, München 2021, S. 177–187.
3 https://taz.de/Psychologe-ueber-Maennlichkeit/!5938867/; zur Befragung: https://www.plan.de/fileadmin/website/04._Aktuelles/Umfragen_und_Berichte/Spannungsfeld_Maennlichkeit/Plan-3_Pager_Maennlichkeit-A4–2023-NEU-V1.pdf
4 https://www.zeit.de/gesellschaft/2023-07/haeusliche-gewalt-lagebericht-bka-2022
5 https://www.spiegel.de/panorama/gesellschaft/sachsen-wenn-mama-nicht-lieben-darf-warum-sich-carola-wilcke-von-behoerden-drangsaliert-fuehlt-a-0bc4b060-d88c-45a8–8132–524c0c4e5e33

Dank

Ich danke meinen Mandant*innen für ihr Vertrauen, ihre Kraft und ihren Mut. Ich bin voller Stolz, mit euch zusammenarbeiten zu dürfen.

Ich danke meiner Agentin Barbara Wenner für ihr Vertrauen und meiner Lektorin Johanna Langmaack für ihre Geduld und ihre wertvolle Unterstützung am Text.

Ich danke meinen Kolleg*innen Elif, Finn, Ahmad und Daniela für die solidarische Zusammenarbeit und dafür, dass ihr mir in den letzten Jahren im Büro den Rücken frei gehalten habt.

Ich danke den engagierten Menschen vom Rowohlt Verlag: Tessa Martin, Leonie Krey, Frank Pöhlmann und allen anderen.

Danke für Inspiration, Zusammenarbeit, Solidarität und Hoffnung, die Gespräche mit euch haben zu den unterschiedlichsten Zeiten in den letzten Jahren das Buch zu dem gemacht, was es ist: Asal Dardan, Teresa Bücker, Margarete Stokowski, Christiane Frohmann, Sibel Schick, Christina Clemm, Anja Eichhorn, Gerhard Hafner, Susanne Kaiser, Stefanie Knaab, Jofijan, Moritz Aisslinger, Benjamin Wuttke. Danke an Malte Engeler für die vielen inspirierenden Gespräche und die klugen Gedanken, die das Buch bereichert haben.

Ein besonderer Dank geht an Marie Stahlhofen für ihre wertvolle und unersetzliche Hilfe bei der Recherche, ich weiß nicht, ob ich das Buch ohne dich beendet hätte. Es ist ein großes Glück, mit dir zusammenarbeiten zu dürfen.

Rebecca, deine Zeit, Kraft und Solidarität haben mich durch die schweren Zeiten in den letzten Jahren getragen, ich danke dir – für immer.

Zita, meine Schwester, die ich mir immer gewünscht habe, ich danke dir für deine großzügige Freundschaft, die mich seit meiner Kindheit begleitet.

Roya und Mansur, ich danke euch, dass ihr mir gezeigt habt, wie groß und unendlich Mut und Hoffnung sein können. Ich wünschte, ihr hättet in eurem Leben nicht so stark sein müssen.

امید ته ندارد

Julien, ich bin so dankbar, dass du Teil meines Lebens bist. Ohne deinen Glauben an mich und deine jahrelange Unterstützung wäre ich nicht das geworden, was ich bin. Deine Integrität, dein Mut und deine Loyalität sind eine Quelle der Inspiration.

Ich danke allen meinen Freund*innen, die mit mir durchs Leben gehen. Unsere Solidarität füreinander ist meine Hoffnung, dass eine bessere Welt möglich ist.

A. und A., Worte reichen nicht für die Liebe, die ich für euch empfinde. Ihr seid der schönste Grund, für eine bessere Welt zu kämpfen. Eine Welt, in der wir alle mehr glücklich sein können und weniger stark sein müssen.